大单元导向的
高中数学教学设计

陈中峰　黄炳锋◎主编

福建省高中数学学科教学研究基地校中心组◎著

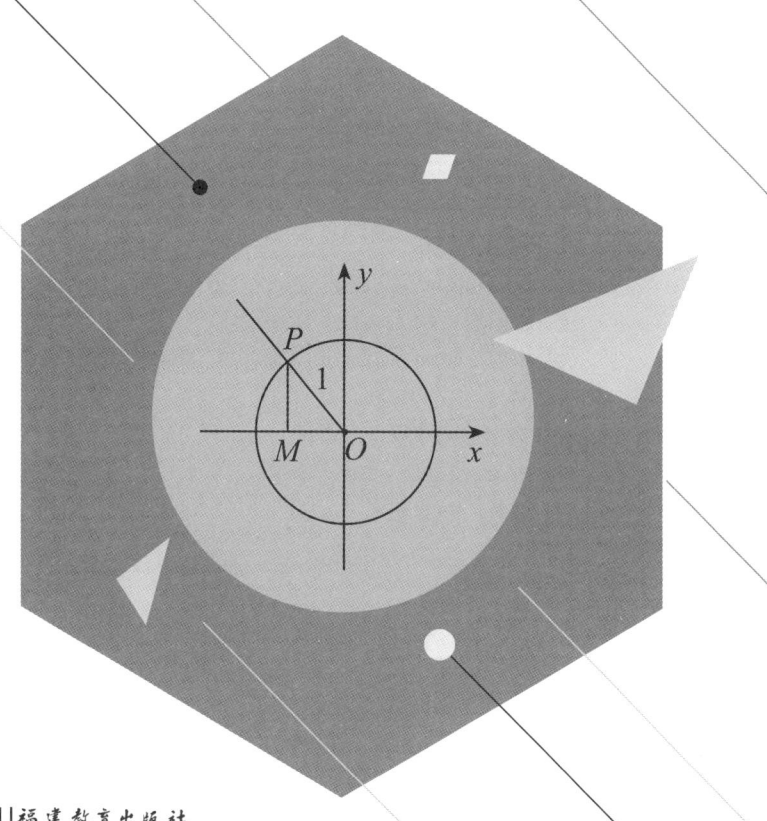

图书在版编目（CIP）数据

大单元导向的高中数学教学设计/陈中峰，黄炳锋主编；福建省高中数学学科教学研究基地校中心组著.—福州：福建教育出版社，2025.1.—ISBN 978-7-5758-0128-7

Ⅰ.G633.602

中国国家版本馆 CIP 数据核字第 2024FN1286 号

大单元导向的高中数学教学设计

陈中峰　黄炳锋　主编
福建省高中数学学科教学研究基地校中心组　著

出版发行	福建教育出版社
	（福州市梦山路 27 号　邮编：350025　网址：www.fep.com.cn
	编辑部电话：0591-83763625　83763885
	发行部电话：0591-83721876　87115073　010-62024258）
出 版 人	江金辉
印　　刷	福建东南彩色印刷有限公司
	（福州市金山工业区　邮编：350002）
开　　本	710 毫米×1000 毫米　1/16
印　　张	13.75
字　　数	231 千字
插　　页	2
版　　次	2025 年 1 月第 1 版　2025 年 1 月第 1 次印刷
书　　号	ISBN 978-7-5758-0128-7
定　　价	39.00 元

如发现本书印装质量问题，请向本社出版科（电话：0591-83726019）调换。

前　言

为了贯彻落实全国教育大会、福建省教育大会精神，围绕我省基础教育工作的总目标和工作重点，进一步深化基础教育课程教学改革，大力推进素质教育，发展学生核心素养，促进教育教学质量的全面提升，由福州第三中学、厦门实验中学、连江第一中学、厦门外国语学校石狮分校、福安第一中学等五所学校组成的第四批福建省基础教育高中数学学科教学研究基地学校，在福建省普通教育教学研究室的统一组织下，聚焦"备—教—学—评"一体化，重点围绕课堂学习评价改革这一关键领域，着力建立以发展学生核心素养为导向的学科课堂学习评价体系，改进结果评价，强化过程评价，探索增值评价，健全综合评价，深化评价改革，以评促学，以评导教，落实立德树人根本任务，为提高教育教学质量发挥导向作用。

基地学校建设期间，正值教育部研制并发布《普通高中数学课程标准（2017年版2020年修订）》（以下简称《课程标准》）。《课程标准》明确了普通高中数学课程性质与基本理念，确定了数学核心素养与课程目标，设计了课程结构和课程内容，提出了学业质量标准与实施建议，从教学设计和实施的几个主要环节提出了数学教学中如何促进学生发展的教学要求，落实这些要求的关键是实施单元教学，单元教学即主题教学。

由于《课程标准》并没有给出主题教学的概念，仅用案例（案例36函数单调性主题教学设计）给出了主题教学的整体设计、一般步骤和教学建议，说明如何进行跨章节的主题单元教学设计，因此，如何有效地组织"主题"，并切实有效地实施主题教学便成为眼下我们需要进行探讨的一个课题。

史宁中、王尚志先生在《普通高中数学课程标准（2017年版）解读》中对主题教学的含义进行解读，要求教师进行教学设计时，应该关注更大的范围的整体性教学。他们指出，核心素养立意的教学特点是：把握数学内容本质，把握学生认知过程；创设合适教学情境，提出恰当数学问题；引发学生独立思考，鼓励学生相互交流；掌握知识技能，理解数学本质；感悟知识所蕴含的数学思想；积累数学思维经验，发展数学核心素养。

我们认为，落实核心素养立意的教学的关键是提升教师主题教学设计能力，主题教学设计是依据《普通高中数学课程标准（2017年版2020年修订）》，对教学内容中"某些具有逻辑联系的知识点"进行分析、重组、整合并形成相对完整的单元，在整体教学观的指导下把握课程内容、确定教学目标、诊断教学问题、选择教学方法、设计教学情境、确定评价手段，以促进学生数学学科核心素养的发展的教学设计。

五所基地学校努力实践主题教学，依据教学任务及对象、教学目标、教学策略、教学过程、教学评价五个要素展开研究，取得一定成果。我们在人教版教材主编章建跃提供的主题教学设计的基本框架下，运用系统科学的方法，对教学内容、教学目标、教学问题、策略、媒体、评价等教学要素和教学环节进行分析、计划并做出具体安排。

本书根据《课程标准》提出的四条主线逻辑，选取若干主题进行设计，教学设计由如下内容组成：一、内容和内容解析；二、目标和目标解析；三、教学问题诊断分析；四、教学支持条件分析；五、课时教学设计。各内容的具体含义如下：

一、内容和内容解析

1. 内容：列举相应主题的内容。

2. 知识结构图：本主题的知识结构图。

3. 内容解析：从内容的本质、内容蕴含的数学思想和方法、知识的上下位关系、内容的育人价值、本主题教学重点五个方面，对本主题内容进行解析。

二、目标和目标解析

1. 目标：阐述主题目标。

2. 目标解析：对达成主题目标的标志进行解析。

三、教学问题诊断分析

重点分析教学过程中可能遇到的问题与障碍，对其原因进行分析，提出突破疑难问题的策略（过程、方法），并在上述分析的基础上给出教学难点.

四、教学支持条件分析

侧重信息技术手段，以构建有利于学生建立概念的"多元联系表示"的教学情境。

五、课时教学设计

选取典型课时，从课时教学内容、课时教学目标、教学重点与难点以及教学过程设计等方面进行课时教学设计。

本书教学设计为"单元—课时"教学提供有益的参考，一线教师可借鉴书中教学设计的逻辑架构进行设计、改造。

本书教学设计由基地学校提供，每个设计都经过教学实践检验，是一线教学实践的总结，基地学校负责人积极组织教研组教师开展教学实践，付出了大量心血，教学设计中凝结了他们的实践智慧，在此深表谢意！成书期间，福州第三中学的耿熹、杨若曦老师对教学设计进行整理，厦门市同安实验中学柯燕萍老师提供了"圆锥曲线"教学设计（初稿），在此一并表示感谢！需要感谢的人很多，恕不一一列举。

本书谬误肯定不少，敬请教师朋友批评指正。

目 录

必修 第一册

教学设计1　1.3　集合的基本运算 ……………………………………………… 1
教学设计2　2.3　二次函数与一元二次方程、不等式 …………………………… 9
教学设计3　3.1　函数的概念及其表示 …………………………………………… 23
教学设计4　4.5　函数的应用（二） ……………………………………………… 37
教学设计5　5.2　三角函数的概念 ………………………………………………… 46

必修 第二册

教学设计1　6.3　平面向量基本定理及坐标表示 ………………………………… 58
教学设计2　7.1　复数的概念 ……………………………………………………… 66
教学设计3　8.4　空间点、直线、平面之间的位置关系 ………………………… 75
教学设计4　9.3　统计案例 ………………………………………………………… 88
教学设计5　10.1　随机事件与概率 ……………………………………………… 100

选择性必修 第一册

教学设计1　1.4　空间向量的应用 ……………………………………………… 110
教学设计2　2.2　直线的方程 …………………………………………………… 123
教学设计3　3.1　圆锥曲线 ……………………………………………………… 132

选择性必修　第二册

教学设计1　4.3　等比数列 …………………………………………… 154
教学设计2　5.1　导数的概念及其意义 ………………………………… 162

选择性必修　第三册

教学设计1　6.1　分类加法计数原理与分步乘法计数原理 ………… 172
教学设计2　7.2　随机变量及其分布 …………………………………… 182
教学设计3　8.2　一元线性回归模型及其应用 ………………………… 204

必修 第一册

教学设计1 1.3 集合的基本运算

一、单元内容和内容解析

1. 内容

集合的并集与交集的概念；集合的全集与补集的概念；集合运算的自然语言、符号语言和图形语言间的转换；集合的并集、交集和补集的运算.

2. 知识结构图

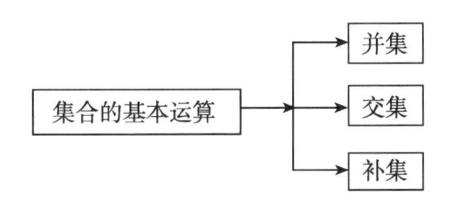

```
                    ┌─── 并集
集合的基本运算 ─────┼─── 交集
                    └─── 补集
```

3. 内容解析

本单元之前，学生已学习了集合的含义以及集合与集合之间的基本关系，这为学习本单元的内容打下了基础. 本单元通过具体实例抽象概括得出并集、交集、补集的概念，并探究并集、交集、补集的运算性质.

运算是研究一个数学对象的重要内容. 集合的基本运算的学习，首先，通过类比实数的基本运算；再结合具体的实例抽象概括得到并集、交集的含义；然后，通过扩大数的研究范围，引入全集的概念；最后，结合具体实例抽象概括补集的含义. 整个探究过程让学生经历从特殊到一般的思维，蕴含着特殊到一般的思想、数形结合的思想，发展了学生直观想象、逻辑推理与数学抽象素养.

之前,学生已学习实数的基本运算,集合的含义以及集合与集合之间的基本关系,这为学习本节内容打下基础,也是后续学习函数、方程、不等式的基础. 集合的基本运算在教材中具有承上启下的作用. 学生经历集合的并集、交集、补集等概念的生成过程,能够从中体会研究数学对象运算的基本路径,在类比、观察、联想、抽象等思维活动的过程中能够提升对数学的认知,提高用数学的语言进行展示、表达和交流的能力,为其高中的数学学习奠定良好的基础.

本单元安排 2 个课时教学.

第 1 课时　集合的并集和交集;

第 2 课时　集合的补集.

从上述对内容的解析中,理解集合基本运算的概念和掌握集合基本运算法则是这个单元的教学重点.

二、单元目标及目标解析

1. 目标

(1) 理解两个集合的并集与交集的含义,能求两个集合的并集与交集.

(2) 理解在给定集合中一个子集的补集的含义,能求给定子集的补集.

(3) 能使用 Venn 图表达集合的基本关系与基本运算,体会图形对理解抽象概念的作用.

2. 目标解析

达成上述目标的标志是:

(1) 会通过类比实数间的运算,发现和提出需要研究的问题,体会研究数学新对象的基本方法;能从实例中抽象概括出并集和交集运算关系,体会从具体到抽象的数学思维过程.

(2) 理解全集是相对于具体情境的概念,能根据需要借助图形语言求给定子集的补集.

(3) 在具体问题情景中,能根据需求进行自然语言、符号语言和图形语言的转换，熟悉符号语言和图形语言的表达方式，并能有意识地使用符号语言表述数学对象，积累数学抽象经验.

三、单元教学问题诊断分析

集合是学生进入高中接触的第一个数学概念，而集合的并集、交集和补集运算是数学表达和交流的工具，是数学语言的基本组成部分，学生适应集合语言和抽象符号是有一定难度的．教学过程中应结合生活中的实例和学生熟悉的数学对象，深化学生对集合运算的理解.

集合运算的综合应用包括集合中含有参数的问题，这是学生学习的难点所在，在解题方向和关键点上，需对学生多做指导.

本单元的教学难点是集合基本运算的符号表述及识别，综合运算问题.

四、单元教学支持条件分析

本单元可以借助信息技术手段，展示集合的交集、并集、补集运算的图形表示，让学生从直观上理解集合的三种基本运算的含义，将抽象问题具体化.

五、课时教学设计

第1课时 集合的并集和交集

▶ 课时教学内容

并集、交集的含义与运算，区分交、并运算的运算符号，会进行简单的集合的交、并运算.

▶ 课时教学目标

1. 通过类比实数运算，结合具体实例，能理解集合并集、交集运算的含义；

2. 掌握简单的集合运算，并学会使用 Venn 图、数轴等几何方法表达集合的关系及运算；

3. 体会直观图示对理解抽象概念的作用，从而体会数形结合在理解集合中的重要作用，发展学生数学抽象、逻辑推理、数学运算的核心素养.

教学重点与难点

教学重点：理解并集、交集的含义，并会进行简单的集合基本运算．

教学难点：区分交、并集运算符号，掌握集合的交、并运算．

教学过程设计

创设情境：我们知道，实数有加、减、乘、除等运算，那么集合是否也有类似的运算呢？我们一起来探究．

问题1：观察下面的集合的元素，类比实数的加法运算，你能说出集合 C 与集合 A，B 之间的关系吗？

(1) $A=\{1, 3, 5\}$，$B=\{2, 4, 6\}$，$C=\{1, 2, 3, 4, 5, 6\}$；

(2) $A=\{x \mid x$ 是有理数$\}$，$B=\{x \mid x$ 是无理数$\}$，$C=\{x \mid x$ 是实数$\}$．

师生活动：学生独立观察，充分思考，讨论交流，教师引导学生通过观察集合的元素，借助 Venn 图得出集合间的关系，发现集合 C 的元素全部由集合 A，B 中的元素构成，并且集合 C 中没有元素不属于集合 A，B．

设计意图：学生通过观察具体集合的元素，发现集合并集的运算实质，获得数学活动经验，渗透数形结合解决问题的思想．

追问：你能用集合的语言描述集合 C 与集合 A，B 之间的关系吗？

师生活动：学生尝试将自然语言转化为集合语言，教师进行必要的指导和补充．

设计意图：让学生学会用数学的语言来描述数学问题，获得概念的严谨表述．

并集概念：一般地，由所有属于集合 A 或集合 B 的元素组成的集合．称为集合 A 与 B 的并集，记作：$A \cup B$；读作"A 并 B"．用描述法表示为 $A \cup B = \{x \mid x \in A$，或 $x \in B\}$．

Venn 图表示为：

$A \cup B$

问题2：设 $A=\{4，5，6，8\}$，$B=\{3，5，7，8\}$，求 $A\cup B$.

师生活动：学生分析解题思路，教师给出解答示范.

追问：在求两个集合的并集时，它们的公共元素在并集中是出现一次还是两次？为什么？

设计意图：通过具体例题，熟悉集合的并集运算，加深对集合元素互异性的理解以及并集含义的理解.

问题3：设集合 $A=\{x|-1<x<2\}$，集合 $B=\{x|1<x<3\}$，求 $A\cup B$.

追问：若将 $B=\{x|1<x<3\}$ 改为 $B=\{x|1\leqslant x\leqslant 3\}$，结果改变了吗？

师生活动：学生思考后回答，教师作出数轴，并给出解答示范.

设计意图：让学生体会集合的表示对集合的运算起到的作用，理解不同的集合采用的运算方法的差异，提升学生数学运算的素养.

问题4：下列关系式成立吗？（1）$A\cup A=A$；（2）$A\cup\varnothing=A$.

师生活动：学生根据并集的概念进行思考，比较容易得到答案.

设计意图：让学生体会特殊集合的并集运算，考虑问题中特殊情况的处理.

追问：若 $A\subseteq B$，则 $A\cup B=$？

师生活动：可以引导学生借助 Venn 图来理解和解决问题.

设计意图：在问题2、问题3的基础上，继续让学生进一步理解并集概念，了解集合间的关系与集合运算的联系，并学会用 Venn 图来直观地研究问题.

问题5：考查下面的问题，集合 A，B 与集合 C 之间有什么关系？

（1）$A=\{2，4，6，8，10\}$，$B=\{3，5，8，12\}$，$C=\{8\}$；

（2）$A=\{x|x$ 是立德中学今年在校的女同学$\}$，$B=\{x|x$ 是立德中学今年在校的高一年级同学$\}$，$C=\{x|x$ 是立德中学今年在校的高一年级女同学$\}$.

师生活动：学生观察两组集合，发现集合 C 中的元素是由集合 A，B 中共有的元素组成的，引导学生注意并且不能漏掉的. 如果学生总结不严谨，可以再给出集合 $M=\{2，4，6，8，10\}$，$N=\{3，5，6，8，12\}$，$P=\{6，8\}$ 来引导、帮助学生更加严谨地归纳总结交集的概念，强调集合 C 是由属于集合 A 且又属于集合 B 的所有元素组成的.

设计意图：通过给出两个实例，让学生们自己观察并交流，找出集合A，B与集合C之间的关系，并通过模仿上面并集的概念，对找出的关系进行归纳总结，从而锻炼了学生观察、类比以及总结的能力．

> **交集概念**：一般地，由属于集合A且属于集合B的所有元素组成的集合，成为A与B的交集，记作$A \cap B$，读作"A交B"．用描述法表示为：$A \cap B = \{x | x \in A，且 x \in B\}$．
>
> 用Venn图表示为

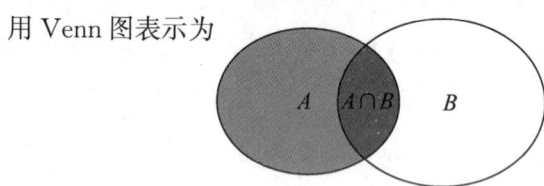

问题6：立德中学开运动会，设$A = \{x | x$是立德中学高一年级参加百米赛跑的同学$\}$，$B = \{x | x$是立德中学高一年级参加跳高比赛的同学$\}$，求$A \cap B$．

问题7：设平面内直线l_1上点的集合为L_1，直线l_2上点的集合为L_2，试用集合的运算表示l_1和l_2的位置关系．

师生活动：问题6关注学生对集合运算表示的规范性，问题7引导学生思考：判定平面内两直线的位置关系可以通过两直线交点的情况进行，即平面内直线l_1和l_2可能有三种位置关系，一是相交于一点，二是平行，三是重合．学生在集合运算的表示上可能会出现表达不严谨，分类讨论不到位，教师要及时、适时地引导学生进行分析及规范表达．

(1) 直线l_1和l_2相交于一点P，可表示为$l_1 \cap l_2 = \{点 P\}$；

(2) 直线l_1和l_2平行可表示为$l_1 \cap l_2 = \varnothing$；

(3) 直线l_1和l_2重合可表示为$l_1 \cap l_2 = l_1 = l_2$．

设计意图：学生通过应用交集运算解决实际问题和几何问题，巩固了对交集概念的理解，实现了交集运算的实际应用，同时也考查了学生分类讨论的能力．

问题8：下列交集运算的结果是什么呢？

(1) $A\cap A=$?

(2) $A\cap\varnothing=$?

(3) 若 $A\subseteq B$ 则 $A\cap B=$?

师生活动：借助 Venn 图，学生思考讨论后，回答并纠错，教师点评，归纳方法给出答案．

设计意图：让学生在问题 5、问题 6、问题 7 和交集概念的基础上，类比并集的概念，加强概念横向间的联系．

问题 9：请同学们对比交集和并集的概念，说一说，二者从文字上面看，有什么不同？

师生活动：学生指出交集中使用的是"且"字，并集中使用的是"或"字．

设计意图：让学生对比交集和并集的概念，加强概念横向间的对比．让学生进一步理解或与且的含义：只要元素属于其中一个集合，即属于并集；元素在两个集合中都有，即属于交集．

追问：交集的符号是 $\cap$，并集的符号是 $\cup$，交集概念中用"且"，并集概念中用"或"，你能区分两者的符号吗？

师生活动：引导学生观察" $\cap$ "和"且"的轮廓相似，" $\cup$ "和"并"的轮廓相似，加强记忆，也可以鼓励学生自己找到记忆方法．

设计意图：让学生注意区分交集和并集的符号异同，记忆交集和并集的符号．

课堂小结：教师提出问题供学生思考．

问题 10：(1) 本节课学习了并集、交集的含义，并集、交集有哪些性质？并集、交集运算需要注意什么？

(2) 本节课的学习主要解决了什么问题？

(3) 本节课体现了哪些基本数学思想方法？你还有什么疑问吗？

师生活动：学生思考，小组讨论、推举代表发言，其他同学补充．教师引导学生对所学知识、数学思想进行小结，并对学生回答情况进行评价和补充．

设计意图：课堂小结以问题串的方式请学生根据本节课的内容有针对性

地从知识和方法的角度进行归纳总结，反思其中的体验和收获，进一步强化了学生对基础知识和基本技能的记忆和掌握，起到加深巩固的作用．同时积极关注学生的自主体验，让学生再次回归知识的生成过程，达成学生对知识的自我发现、自我生成、自我应用和自我完善，让学生获得成功的自我效能感，还可以让学生体会数形结合、分类讨论、方程思想及化归转化等数学思想方法在解决问题的过程中的应用，让学生核心素养的培养在平时的课堂中落地生根．

▶ 目标检测设计

1. 设 $A=\{x \mid x$ 是小于 9 的正整数$\}$，$B=\{1, 2, 3\}$，$C=\{3, 4, 5, 6\}$，求 $A \cap B$，$A \cap C$，$A \cap (B \cup C)$，$A \cup (B \cap C)$．

设计意图：考查学生对并集、交集概念的理解，诊断其是否能在具体实例中，用集合语言描述并进行集合间的交、并运算；能利用 Venn 图或数轴直观认识集合间的交、并运算．

2. 已知 $A=\{1, 3, a^2\}$，$B=\{1, a+2\}$，是否存在实数 a，使得 $A \cup B = A$？若存在，试求出实数 a 的值；若不存在，请说明理由．

设计意图：让学生体会集合元素的互异性是用来检验结果的重要依据．诊断学生对集合交、并符号的认识及集合交并运算性质的理解，在关联的情境中用集合语言描述集合间的交、并运算，熟练进行简单集合间的交、并运算．

3. 在① $A \cap B = \varnothing$，② $A \cup B = A$ 这两个条件中任选一个，补充到下面的问题中，并求解下列问题：已知集合 $A=\{x \mid a-1 < x < 2a+3\}$，$B=\{x \mid -7 \leqslant x \leqslant 4\}$，若_____，求实数 a 的取值范围．

设计意图：考查学生的运算求解能力，诊断其对并集、交集概念的理解，诊断是否掌握并集、交集的性质；对含参数问题是否能进行分类讨论，讨论是否到位；在关联的情境中用集合语言描述集合间的交、并运算，熟练进行简单集合间的交、并运算．

▶ 课后作业

1. 设 $A=\{4, 5, 6, 8\}$，$B=\{3, 5, 7, 8\}$，求 $A \cup B$，$A \cap B$．

2. 设 $A=\{x\mid -1<x<2\}$，$B=\{x\mid 1\leqslant x\leqslant 3\}$，求 $A\cup B$，$A\cap B$.

3. 已知集合 $A=\left\{x\mid \dfrac{x-4}{3x-5}<0\right\}$，$B=\{x\mid |x-2|\geqslant 1\}$，则 $A\cap B=$ _____.

4. 已知 $A=\{y\mid y=x^2+1\}$，$B=\{x\mid x<3\}$，则 $A\cup B=$ _____.

5. 已知集合 $A=\{x\mid 2m-4<x\leqslant m+4\}$，$B=\{x\mid -1<x\leqslant 6\}$. 若 $A\cap B=A$，求实数 m 的取值范围.

设计意图：考查并集、交集概念、不等式性质、并集、交集的运算性质等基础知识，考查运算求解能力. 巩固并集与交集的概念，强化 Venn 图的作用，强化数轴的作用，提升学生逻辑推理与数学运算的能力，反馈学生对所学内容的理解掌握情况.

教学设计2 2.3 二次函数与一元二次方程、不等式

一、单元内容和内容解析

1. 内容

等式与不等式的性质，基本不等式，从函数的观点看一元二次方程，从函数的观点看一元二次不等式.

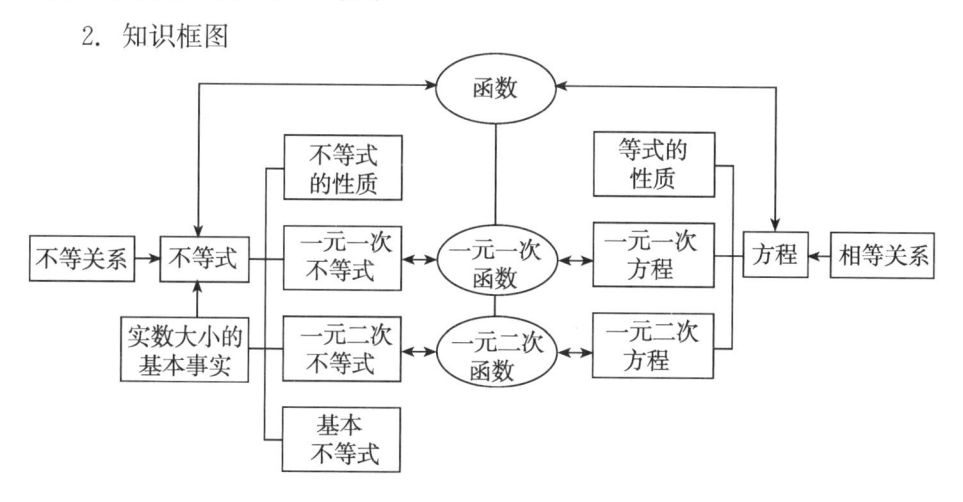

2. 知识框图

3. 内容与内容解析

现实世界和日常生活中存在着大量的不等关系，数学中，我们用不等式来表示不等关系．而不等关系就涉及两数或两个多项式的比较大小，学会用作差法比较两数的大小是后续学习的基础．数学是数与形的综合体，在图形中找到不等关系以及用分析法证明它，都涉及简单的数学逻辑推理．不等式的性质是解决不等式问题的基本依据，凡是不等式的变形、运算都要严格按照不等式的性质进行．因此，理解并掌握不等式的性质是学习本章后续内容的重要保障．

本单元教学通过类比等式的性质，猜想并证明不等式的性质，并引导学生领会：运用不等式的性质证明简单的不等式的内涵是化归与转化、类比等数学思想，培养学生数学运算能力，逻辑推理能力．

在高中数学中，不等式的地位不仅特殊，而且重要，它与高中数学几乎所有章节都有联系，尤其与函数、方程等联系紧密．相等关系、不等关系是数学中最基本的数量关系，是构建方程、不等式的基础．基本不等式是一种重要且基本的不等式类型，在中学数学知识体系中也是一个非常重要的、基础的内容．基本不等式与很多重要的数学概念和性质相关，从数与运算的角度看，$\frac{a+b}{2}$ 是两个正数 a,b 的"算术平均数"，$\sqrt{ab}$ 是两个正数 a,b 的"几何平均数"．因此，不等式涉及代数中的"基本量"和最基本的运算．从几何图形的角度，"周长相等的矩形中，正方形的面积最大""等圆中，弦长不大于直径"等，都是基本不等式的直观理解．

基本不等式的证明或推导方法很多，上面的分析也是基本不等式证明方法的来源．如，利用分析法，从数量关系的角度，利用不等式的性质来推导基本不等式；从几何图形的角度，借助几何直观，通过数形结合来探究不等式的几何解释；从函数的角度，通过构造函数，利用函数性质来证明基本不等式；等等．这些方法也是代数证明和推导的典型方法．基本不等式是几何平均数不大于算术平均数的最基本和最简单的情形，可以推广至 n 个正数的几何平均值不大于算术平均值．

基本不等式的代数结构也是数学模型思想的一个范例，借助这个模型可以求最大值和最小值．同时，在理解和应用基本不等式的过程中涉及变与不变、变量与常量，以及数形结合、数学模型等思想方法．因此，基本不等式内容可以培养学生的逻辑推理、数学运算和数学建模素养．基于以上分析，确定本单元关于不等式课时的教学重点：基本不等式的定义、几何解释和证明方法，用基本不等式解决简单的最值问题．

  函数、方程和不等式都是中学数学中非常重要的内容，用函数理解方程和不等式是数学的基本思想方法．用二次函数观点看一元二次方程、一元二次不等式，可以让学生在初中的相关内容的基础上，进一步理解函数、方程与不等式之间的联系，逐步形成用函数统领方程和不等式的意识，进而体会数学的整体性．从函数的观点来看一元二次方程，当二次函数值为 0 时就得到一个一元二次方程，解方程就是求"自变量为何值时，函数值为 0"．如果二次函数 $y=ax^2+bx+c$ 的图象与 x 轴有交点，从函数的角度来看，交点的横坐标就是函数的零点；从方程的角度来看，交点的横坐标就是一元二次方程 $ax^2+bx+c=0$ 的根．同时，函数图象与 x 轴的交点又将 x 轴分成几部分，每一部分（不含交点）对应的函数图象都在 x 轴同侧，也就是函数值都为正或者都为负，即 $ax^2+bx+c>0$ 或者 $ax^2+bx+c<0$．因此，从函数的观点看一元二次不等式，当二次函数值大于 0（或者小于 0）就得到一个一元二次不等式，不等式的解集就是使函数值大于 0（或者小于 0）的自变量 x 的取值范围．因此，可以利用二次函数的图象来判断一元二次方程根的存在性和根的个数，以及求解一元二次不等式；借助二次函数的图象研究一元二次方程与一元二次不等式，使研究方程和不等式的方法更具一般性和代表性．因此，从函数的角度来研究方程和不等式，体现数学的整体性，凸显函数的重要地位，其中涉及的数形结合、函数思想等都是数学中重要的思想方法．基于以上分析，确定本单元关于二次函数课时的教学重点：用二次函数的观点统一认识一元二次方程和一元二次不等式，根据三者的联系，利用数形结合推导出求解一元二次不等式的方法．

  本单元安排 6 个课时教学．

  第 1 课时 不等关系与不等式；

第 2 课时　等式性质与不等式性质；

第 3 课时　基本不等式；

第 4 课时　利用基本不等式解决最值问题；

第 5 课时　二次函数与一元二次方程、不等式（1）；

第 6 课时　二次函数与一元二次方程、不等式（2）.

本单元的教学重点是不等式的基本性质、基本不等式及其应用和一元二次不等式的解法.

二、单元目标和目标解析

1. 目标

（1）借助实例抽象出生活中的不等关系，会用数学符号语言描述生活中的不等关系.

（2）借助等式性质，类比不等式的性质，理解不等式性质的证明过程.

（3）掌握不等式性质，会用不等式性质解决问题：如比较两数大小以及求常见的不等式范围.

（4）掌握基本不等式 $\sqrt{ab} \leqslant \dfrac{a+b}{2}$.

（5）结合具体实例，能用基本不等式解决简单的最大值或最小值问题.

（6）会结合一元二次函数的图象，掌握求解一元二次不等式的方法，了解一元二次不等式与相应函数、方程的联系.

2. 目标解析

达成上述目标的标志是：

（1）经历用不等式或不等式组表示实际问题中不等关系的过程，会用数学符号表示实际问题；

（2）能类比等式性质得出不等式的基本性质，并能对不等式的性质进行证明，了解证明不等式的基本方法；

（3）经历运用不等式的性质比较大小的过程，归纳运用不等式性质比较大小的一般步骤，了解借助不等式性质解决简单的数学证明问题的方法；

（4）类比乘法公式，知道基本不等式的内容和含义，明确基本不等式表示"两个正数的算术平均数不小于它们的几何平均数",了解基本不等式的几何意义；

（5）经历证明基本不等式的过程，体会综合法和分析法的差异，会用两种方法证明不等式；

（6）经历运用基本不等式解决简单的最值问题的过程，理解基本不等式解决最值问题的使用条件，掌握用基本不等式求最大值或最小值的策略和方法，体会基本不等式的作用；

（7）通过从实际情境中抽象出一元二次不等式模型的过程，体会一元二次不等式的现实意义，能说出一元二次不等式的定义；

（8）类比"一次函数与一次方程、一次不等式"的研究经验，经历一元二次不等式的求解过程，体会二次函数与一元二次方程、不等式之间的关系，理解函数与方程、数形结合等数学思想方法，体会数学的整体性；

（9）能通过具体实例的归纳与概括得到用函数方法求一元二次不等式解集的基本过程；能利用一元二次不等式解决一些实际问题，提升数学运算与数学建模素养.

三、单元教学问题诊断分析

学生在小学和初中阶段已经学习过不等式相关知识，与之不同的是，高中阶段需要学生类比等式，探究不等式的相关性质，并证明这些性质，这对学生的抽象概括能力、推理论证能力有较高的要求.在教学过程中，学生会在从等式类比到不等式、不等式性质的表达与证明等方面遇到困难.教师在教学中应在等式的性质复习中进行分析，让学生明白等式的性质是从等式本身的性质和等式的运算两个角度来建立的，从而依此类比到不等式的性质，在不等式性质的证明中要从不等式的基本事实和已经证明的性质出发进行证明思路的建立，引导学生形成证明不等式的方法.因此不等式性质的获得和证明是本节课的难点.

由于学生缺少代数式证明的经验，所以基本不等式的证明是本节课的一个难点.基本不等式的几何解释也是学生不容易想到的，需要数形结合地去理解，所以这也是本节课的一个难点．此外，在利用基本不等式研究最值问题时，学生容易出现忽视使用条件，不验证等号是否成立，甚至出现没有确认和或积为定值就求最值等问题，这也是学生思维不够严谨的表现，因此基本不等式的证明和利用基本不等式求最值也是本节课的难点．

用二次函数的观点看一元二次方程、不等式，需要借助二次函数图象，理解二次函数与一元二次方程、不等式的联系，涉及从联系的角度看待所学知识，因此是学生学习的一个难点．此外，对于解一元二次不等式，学生会借助解方程的经验，有意识地进行降次，将解一元二次不等式问题转化为一元一次不等式（组）问题．因此学生对于"利用二次函数来解一元二次不等式"会产生疑问．在教学过程中要从一次函数与一元一次不等式、一元一次方程的关系出发，从函数的观点看三者之间的联系，进而类比联想到一元二次不等式的相关内容，帮助学生回顾数学活动经验，从整体上认识问题，解决难点问题．因此本节课的难点是建立二次函数与一元二次不等式、一元二次方程之间的联系．

四、单元教学支持条件分析

为了加强学生对赵爽弦图的不等关系抽象理解，可以利用信息技术工具，改变弦图中 a，b 的大小，感受变化中的不等关系；为了加强学生作差法、分析法以及证明的一般性步骤的规范作答，可利用信息技术工具展示详细的步骤以及总结性知识，进而帮助学生掌握方法和基本数学底层逻辑．

在进行基本不等式的几何解释的教学时，为了帮助学生直观地观察图形中几何元素之间的动态关系，并将其转化为代数表示，可以利用信息技术制作一个动态图形，帮助学生直观理解；还可以利用信息技术，动态呈现二次函数图象，帮助学生从运动变化的角度去理解函数与方程、不等式的联系．

五、课时教学设计

第 2 课时　等式性质与不等式性质

▶ 课时教学内容

1. 类比等式性质,得到不等式的基本性质.

2 不等式基本性质的证明与应用.

▶ 课时教学目标

1. 学生通过了解等式的性质,掌握不等式的基本性质,并能运用这些性质解决有关问题;

2. 教学中通过对不等式性质的证明,让学生体会类比思想在数学中的应用,提升其逻辑思维能力和数学思维的严密性.

▶ 教学重点与难点

重点:不等式的基本性质.

难点:不等式性质的证明与综合应用.

▶ 教学过程

引导语:通过上节课的学习,我们知道现实世界的大小关系包括相等关系和不等关系两类,数学中用"等式"和"不等式"表达这两类关系.上节课我们提到解不等式要用不等式的性质,不等式到底都有哪些性质呢?今天我们一起学习不等式的性质.既然不等式和等式一样,都是对大小关系的刻画,我们就可以从等式的性质及其蕴含的思想方法中获得启发,来研究不等式的性质.

问题1:请你回忆一下等式都有哪些性质?

性质1 如果 $a=b$,那么 $b=a$.(对称性)

性质2 如果 $a=b$,$b=c$,那么 $a=c$.(传递性)

追问1:这两条性质有什么共性?可以看作是运用了什么相同的方法"得到的"?

师生活动:教师提问,学生回答.教师指导学生理解:性质1与性质2是相等关系本身蕴含的性质.两个相等的实数,无论哪个写在等号左边或右边,等式均成立,即"如果 $a=b$,则 $b=a$",此性质与 a,b 的顺序无关,它反映了等式自身的特性.

追问2:等式是否还有其他性质?

> **性质 3** 如果 $a=b$，那么 $a\pm c=b\pm c$.
>
> **性质 4** 如果 $a=b$，那么 $ac=bc$.
>
> **性质 5** 如果 $a=b$，$c\neq 0$，那么 $\dfrac{a}{c}=\dfrac{b}{c}$.

师生活动：教师提问，学生说出性质 3，4，5.

教师指出这 3 条性质是从数的运算角度提出的，即等式两边同时相加、相减、相乘或除以同一个数，等式仍然成立，体现了等式关于运算的不变性.

追问 3：你能归纳一下等式基本性质蕴含了哪些思想方法吗？

师生活动：教师指导学生总结，等式的基本性质的方法有"相等关系自身的特性"和"相等关系对运算保持不变"两种．这两个方面是研究等式基本性质中体现的思想方法．探究不等式的性质，体会类比探究方法．

问题 2：类比等式的性质的研究，你从哪些角度思考研究不等式的性质？

师生活动：教师提问，学生表述．引导学生先从不等式的"自身性质"和"运算不变性"两个视角研究不等式的基本性质，然后，学生独立思考并讨论．教师参与小组讨论之中，适当指导．

设计意图：让学生领悟：研究不等式的性质可通过类比研究等式的性质及其蕴含的思想方法进行．

问题 3：类比等式的基本性质蕴含的"自身特性"的思想方法，你能猜想并证明不等式的基本性质吗？

师生活动：教师提问，学生根据等式的性质，从不等式自身的特性出发，猜想性质"若 $a>b$，则 $b<a$".

追问 1：这个性质怎么进行证明？

师生活动：学生运用数轴说明 a，b 的大小关系．教师指出方法是从几何角度分析代数问题．这种方法直观性较强，能帮助我们直观认识到此性质反映了"不等式自身的特性"．同时，教师指出数学结论要从逻辑推理角度进行严格的证明．

追问 2：我们现在学习了两个实数大小关系的基本事实，你能从基本事实出发来证明不等式这个性质吗?

师生活动:学生发现由于不等号是有方向的,实数位置对调后,符号也要对调,因此从基本事实出发,将问题转化为实数与 0 的大小关系的比较进行证明.

设计意图:通过对于性质 2 的推导和证明,让学生理解不等式与等式性质之间的联系,在证明的过程中培养学生逻辑推理的核心素养.

问题 4:类比等式的传递性,你还能得到其他不等式的性质吗?

师生活动:教师提问,学生猜想不等式的性质"若 $a>b$,$b>c$,则 $a>c$".

追问:如何证明这个性质呢?

师生活动:教师与学生一起分析证明思路. 由"若要证明 $a>c$,只需证 $a-c>0$",学生容易联想到与 $a-b>0$,$b-c>0$ 建立联系. 考虑到 $a-c=(a-b)+(b-c)$,只需判断此代数式的符号. 联想实数的基本事实,"正数加正数是正数"问题得证. 教师指出,实数的一些基本事实在证明过程中有着重要作用,让学生从中体会代数证明的逻辑性和严谨性.

设计意图:通过对不等式传递性的证明,体会类比与联想的数学思维,提高学生推理与论证能力.

问题 5:类比等式性质中蕴含的"运算中的不变性"的思想方法,你能猜想并证明不等式的其他基本性质吗?

师生活动:教师组织学生先独立思考再讨论. 教师参与到小组讨论之中,适当指导. 学生首先猜想:"不等式在加法运算中'保号性'",即"如果 $a>b$,那么 $a+c>b+c$". 在前两个性质证明的基础上,学生已经能够分析出:要证 $a+c>b+c$,只需证 $(a+c)-(b+c)$ 与 0 的大小关系,也就是 $a-b$ 与 0 的大小关系. 最后,学生得出如下证明:由 $a>b$,得 $a-b>0$,所以 $(a+c)-(b+c)>0$,即 $a+c>b+c$.

追问 1:用文字语言怎样表达此性质?两个实数大小关系还可以形象地在数轴上表达出来,你能从几何意义的角度对这个性质进行解释吗?

师生活动:学生用文字语言表达,即不等式的两边都加上同一个实数,所得不等式与原不等式同向. 教师点明文字语言表达具有"直白"的特点,有助于理解其本质,即反映了不等式在加法运算中的"保号性". 教师指出"减法"与"加法"在运算中是一致的,加法是基本运算,进而此性质为基本性质.

通过展示 $a+c$,$b+c$ 的变化,学生体会此性质的几何意义,并注意到可用运动方向表达实数 c 的正负. 教师强调,几何语言的表达具有"直观"的特点,建议学生经常从几何视角发现或解释一些代数问题,能实现更直观地认识问题,更深刻地理解问题.

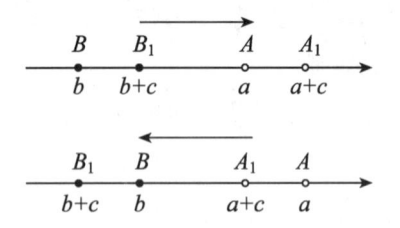

追问 2:是否还有其他结论?

师生活动:学生猜想"不等式在乘法运算中的规律性",即不等式两边同乘同一个实数的结论,并用数学语言表达. 学生猜想"如果 $a>b$,$c>0$,那么 $ac>bc$","如果 $a>b$,$c<0$,那么 $ac<bc$".

追问 3:不等式的两边同乘一个数,为何要分类讨论?

师生活动:教师引导学生分析,此结论在于比较 ac 与 bc 的大小,由两个实数大小关系的基本事实,即可判断 $ac-bc$ 与 0 的大小关系,这显然与条件中的 $a-b$ 有关,自然能考虑通过"$ac-bc=(a-b)c$"判断此式的正负. 由于 $a-b>0$,所以 $(a-b)c$ 的正负由 c 的正负决定,从而需要分类讨论. 基于以上分析,学生也自然有了证明的思路.

学生表述:"不等式两边同乘一个正数,所得不等式与原不等式同向;不等式两边同乘一个负数,所得不等式与原不等式反向".

追问 4:用文字语言怎样表述此性质?

师生活动:教师强调文字语言具有较为"直白"的特点,让学生感受此性质反映了"不等式在乘法运算中的规律性". 可以把乘法和除法都合并为乘法,高中数学对运算的认识更趋于一般性,乘法是基本运算,此性质仍为基本性质.

设计意图：通过学生的自主探究得到不等式的性质，并用三种语言进行叙述，增强学生的表达与交流能力.

问题6：加法与乘法是数学的基本运算，因此上述四条性质是不等式的基本性质. 不等式与等式基本性质的共性与差异有哪些？

师生活动：教师引导学生总结出两者都具有自身特性以及运算中的不变性、规律性. 由于不等号具有方向性，"自反性"和"两边同乘负数时，不等号变号"是不等式表现出的特性.

问题7：利用不等式的基本性质，你还可以猜想并证明不等式的其他性质吗？

追问1：在基本性质3中，不等式的两边同加同一个实数. 如果两边同加不同的实数，即不等式的两边分别加上不相等的两个数，能得到什么不等关系？

师生活动：学生猜想"大数加大数，大于小数加小数"，即"如果 $a>b$，$c>d$，那么 $a+c>b+d$". 学生分析如下：若要证 $a+c>b+d$，只需证 $(a+c)-(b+d)>0$，与已知联系，也就是要证明 $(a+c)-(b+d)>0$. 由已知 $a-b>0$，$c-d>0$，根据"正数加正数是正数"这一基本事实，猜想得证.

追问2：此方法是利用不等式的基本性质"发现"的. 能否利用不等式的基本性质，证明你发现的这个新性质？

师生活动：学生探索证法二. 从性质3中得到启发，要证 $a+c>b+d$，需要构造与 $a+c$ 和 $b+d$ 相关的不等式，联想不等式基本性质，可有以下证明.

由性质3，得 $a+c>b+c$，$c+b>d+b$；由性质2，得 $a+c>b+d$.

教师指出数学结论之间相互关联，挖掘结论间的关系，能使学生整体把握知识，形成整体认知. 此性质的证明为综合运用不等式的基本性质证明不等关系提供了范例.

设计意图：在不等式性质的证明中，培育学生的数学抽象和逻辑推理的核心素养.

问题8：在基本性质4中，不等式的两边同乘同一个实数．如果同乘不同的实数，你有何结论？

师生活动：教师引导，学生猜想"大数乘大数，大于小数乘小数"，即"如果$a>b$，$c>d$，那么$ac>bd$".

追问1：在不等式的基本性质中，乘法运算不具备"保号性"，主要原因是负数的影响．你认为上述猜想是否正确？如何修正？

师生活动：教师提问，学生回答：不等式基本性质4中强调"两边同乘负数不等号要变方向"，所以此问题中，乘法不一定具备"保号性"．同时，学生将问题与性质4进行对比，发现对于正数，乘法是具有"保号性"的．教师评价：这是缩小范围修正错误的方法，由学生课后进行证明，并指出此性质为不等式性质6.

性质6　如果$a>b>0$，$c>d>0$，那么$ac>bd$.

追问2：如果性质6中$a=c$，$b=d$，你有何新的结论？

师生活动：教师提问，学生得出"如果$a>b>0$，那么$a^2>b^2$"，并能推广到性质7："如果$a>b>0$，那么$a^n>b^n$（$n\in \mathbf{N}^*$，$n\geq 2$）".

教师指出这是不等式的性质7，它是性质6的特例．教师指出以"不等式在运算中的不变性、规律性"为研究抓手，我们还能推导出很多不等关系，鼓励同学们多发现、提出和证明一些结论.

实数大小关系的基本事实和不等式的性质是解决不等式问题的基本依据.

设计意图：在不等式基本性质的发现与证明的过程中，让学生经历"猜想—证明—修正—再证明—得出性质—理解"的研究数学问题的过程，加深学生对类比学习的理解；让学生充分认识到"运算中的不变性、规律性"在研究不等式性质中的"引路人"作用，加深学生对"代数性质"的认识，从而发展"四基"，提高"四能"．通过问题作出类比，从等式性质得不等式的基本性质，让学生了解等式与不等式的共性与差异．从而培养学生解决问题的能力，提升逻辑推理能力.

例1　已知$a>b>0$，$c<0$，求证$\dfrac{c}{a}>\dfrac{c}{b}$.

分析：要证明 $\dfrac{c}{a} > \dfrac{c}{b}$，因为 $c<0$，所以可以先证明 $\dfrac{1}{a} > \dfrac{1}{b}$. 利用已知 $a>b>0$ 和性质 3，即可证明 $\dfrac{1}{a} < \dfrac{1}{b}$.

证明：因为 $a>b>0$，所以 $ab>0$，$\dfrac{1}{ab}>0$，于是 $a \cdot \dfrac{1}{ab} > b \cdot \dfrac{1}{ab}$，即 $\dfrac{1}{b} > \dfrac{1}{a}$. 由 $c<0$，得 $\dfrac{c}{a} > \dfrac{c}{b}$.

师生共析，学生尝试书写证明过程.

设计意图： 本题利用不等式基本性质，体现"分析法"的证明思路和"综合法"的表达方式，提高学生分析解决问题的能力，提升学生的数学应用意识.

例 2 如果 a，b，c 满足 $c<b<a$，且 $ac<0$，那么下列不等式中不一定成立的是（　　）

A. $ab>ac$　　　　　　　　B. $c(b-a)>0$

C. $cb^2 < ab^2$　　　　　　　D. $ac(a-c)<0$

师生活动： 教师提出问题，学生解答后回答，并指导学生对不等式的推理方法进行总结.

（1）直接法：对于说法正确的，要利用不等式的相关性质证明；对于说法错误的只需举出一个反例即可.

（2）特殊值法：注意取值一定要遵循三个原则：一是满足题设条件；二是取值要简单，便于验证计算；三是所取的值要有代表性.

设计意图： 通过例题，运用不等式解决问题，加深对不等式的性质的理解. 同时总结不等式比较大小的方法，培养逻辑推理能力.

▶ 课堂小结，反思感悟

问题 1：本节课，我们重点学习了不等式的基本性质和不等式的常用性质，你是怎样研究不等式的基本性质的？

师生活动： 学生讨论后口答：先梳理等式的基本性质及蕴含的思想方法，

从不等式自身的性质和运算的角度猜想并证明不等式的基本性质，再由不等式的基本性质推理不等式的一些常用性质．

问题2：在数学问题的研究过程中，类比、探究要经历什么过程？

师生活动：学生总结，教师帮助整理．过程为："前备经验—归纳特点—类比猜想—推理证明（修正）—理解表达—探究个性—应用反思"．

设计意图：从知识和思想方法的角度进行课堂小结，有助于学生在学会知识的同时又学会思想方法，这样可将知识与思想方法共同纳入到认知结构中．通过对不等式的判断与证明，使学生熟练掌握不等式的性质，培养学生解决问题的能力．

▶ 课后作业

1．完成一项装修工程，请木工共需付工资每人 500 元，请瓦工共需付工资每人 400 元，现有工人工资预算 20000 元，设木工 x 人，瓦工 y 人，则工人满足的关系式是（　　）

  A．$5x+4y<200$ B．$5x+4y\geqslant 200$

  C．$5x+4y=200$ D．$5x+4y\leqslant 200$

2．下列命题中正确的是（　　）

  A．若 $a>b$，$c>d$，则 $ac>bd$

  B．若 $ac>bc$，则 $a>b$

  C．若 $\dfrac{a}{c^2}<\dfrac{b}{c^2}$，则 $a<b$

  D．若 $a>b$，$c>d$，则 $a-c>b-d$

3．（多选题）若 $a>0>b>-a$，$c<d<0$，则下列命题：

（1）$ad>bc$．（2）$\dfrac{a}{d}+\dfrac{b}{c}<0$．（3）$a-c>b-d$．（4）$a(d-c)>b(d-c)$ 中能成立的是（　　）

  A．（1）   B．（2）

  C．（3）   D．（4）

4．已知 $-1\leqslant a+b\leqslant 1$，$1\leqslant a-2b\leqslant 3$，求 $a+3b$ 的取值范围．

设计意图：检测学生对不等式性质的掌握情况．

教学设计 3　3.1　函数的概念及其表示

一、单元内容和内容解析

1. 内容

函数的概念，函数的表示.

2. 知识结构图

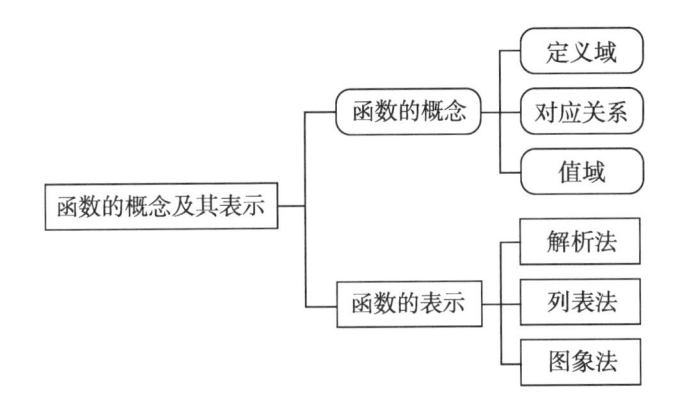

```
                                    ┌── 定义域
                    ┌── 函数的概念 ──┼── 对应关系
                    │               └── 值域
函数的概念及其表示 ──┤
                    │               ┌── 解析法
                    └── 函数的表示 ──┼── 列表法
                                    └── 图象法
```

3. 内容解析

函数是高中数学的核心内容，是整个高中数学教学中的一条最重要的主线，是解决数学问题的基本工具．函数贯穿于整个初等数学体系之中，它把各种数学知识有机地结合在一起，不但能形成各种有层次且丰富多彩的问题和思想方法，还能解决各种抽象或形象，理论或实际的问题，体现数学的应用价值．函数的概念不仅是前面学习的集合的巩固和发展，而且是学好后继知识的基础和工具．

通过具体实例学习用集合语言和对应关系刻画函数概念，渗透具体到抽象、特殊与一般的数学思想．

初中学习函数概念和相关的学习经验，以及集合的有关知识，为学生学习"对应关系说"做好了铺垫．同时，学习函数的概念和函数的三个要素能为以后学习其他类型的函数打下扎实的基础，能从具体函数中抽象出函数的概念，培养数学抽象、逻辑推理、数学运算等核心素养.

本单元的教学重点是：建立"对应关系说"观点下用集合语言表述的函数概念，在此过程中培养学生的数学抽象素养.

本单元安排3个课时教学.

第1课时　函数的概念；

第2课时　函数的表示；

第3课时　分段函数及其表示.

二、单元目标和目标解析

1. 目标

（1）在初中"变量说"的基础上，理解函数的"对应关系说".

（2）经历函数概念的抽象过程，能归纳抽象出函数的概念，认识函数的本质，培养学生的数学抽象素养.

（3）从数学模型构成要素的角度认识具体函数，并通过函数的表示，进一步加深对函数概念的认识.

2. 目标解析

（1）能从集合与对应的观点出发，加深对函数概念的理解，初步理解函数的抽象符号表示，了解函数的三要素：定义域、值域和对应法则.

（2）在丰富的实例中，通过关键词的强调和引导，使学生发现、概括出它们的共同特征，在此基础上再用集合与对应的语言来刻画函数，体会对应关系在刻画函数概念中的作用.

（3）采用从实例中抽象概括出函数概念的方法，不仅为学生理解函数打下直观基础，而且注重学生的抽象概括能力，启发学生运用函数模型表述、思考现实世界中蕴涵的规律，逐渐形成善于提出问题的习惯，学会数学表达和交流，发展数学应用意识.

三、单元教学问题诊断分析

学生在解决函数的概念的有关问题的时候，存在以下几种情况.

1. 初中阶段，学生学习的是具体函数，如一次函数、二次函数、反比例函数，并且关注的是变量之间的依赖关系，也不关注变量的变化范围．高中阶段，不仅把函数看成变量之间的依赖关系，还要从具体问题出发，抽象概括出函数的一般概念，学会用集合与对应的语言刻画函数．

2. 依据现有认知结构，学生只能根据函数的图象观察出"随着自变量的增大，函数值增大"的变化趋势，而不能用符号语言进行严密的代数证明，只能依据图象的直观性进行感性判断而不能进行"思辨"的理性认识．

本单元的教学难点是从不同的问题情境中提炼出函数要素，由此抽象出函数概念，理解函数的对应关系 f．

四、单元教学支持条件分析

借助多媒体资源展示视频、图片、表格等实际生活情境案例，通过 GGB 软件动态呈现图象中的对应关系，引导学生观察、分析，帮助学生理解对应关系不同表示方式的共性，结合平板、希沃白板等资源辅助教学，为教师和学生顺利抽象出函数的概念提供了良好的硬件基础．

五、课时教学设计

第 1 课时　函数的概念

▶ 课时教学内容

函数的概念．

▶ 课时教学目标

1. 通过大量实例，能够用集合的语言表示构成函数的要素，从中抽象出函数概念；

2. 理解函数的概念，了解函数的定义域、值域和对应关系，能用几何语言刻画函数的三要素；

3. 了解同一函数的概念，能判断两个函数是否是同一函数．

▶ 教学重点与难点

重点：函数的概念；

难点：函数概念的抽象.

▶ 教学过程

环节1：创设情境，提出课题

引导语： 同学们，我们知道，客观世界中有各式各样的运动变化现象. 例如，"天宫二号"在发射过程中，离发射点的距离随时间变化而变化；一个装满水的蓄水池在使用过程中，水面高度随时间的变化而不断变化；我国高速铁路运营里程逐年增加，已突破2万公里……所有这些都表现为变量间的对应关系，这种关系常常可用函数模型来描述，并且通过研究函数模型就可以把握相应的运动变化规律.

（视频展示）"天宫二号"发射精彩瞬间：发射升空、飞越东海、环绕地球，离发射点的距离随时间变化而变化.

师生活动： 通过生活中实际情境的展示与分析，结合现实性和趣味性，学生能够发现现实世界中的许多运动变化现象都表现出变量间的依赖关系，教师告知学生数学上我们可以用函数模型来描述这些变化现象，随着函数学习的深入会发现，函数是贯穿高中数学的一条主线，是解决数学问题的基本工具.

问题1： 在初中我们已经接触过函数的概念，知道函数是刻画变量之间的对应关系的数学模型和工具. 初中是如何定义函数的呢？

师生活动： 学生自主回顾初中阶段函数的定义：在一个变化过程中，如果有两个自变量 x 与 y，并且对于 x 的每一个确定的值，y 都有唯一确定的值与其对应，那么我们称 x 是自变量，y 是 x 的函数.

追问1： 你能用已学的函数知识判断 $y=x$ 与 $y=\dfrac{x^3}{x^2}$ 是否为相同的函数吗？

追问2： 正方形的周长 l 与边长 x 的对应关系是 $l=4x$，而且对于每一个确定的 x 都有唯一 l 与之对应，所以 l 是 x 的函数. 这个函数与正比例函数 $y=4x$ 相同吗？

追问3： 我们在前面学习了集合的相关知识，那么在集合的观点下，函数是如何定义呢？

师生活动：学生思考问题，教师指出要解决这些问题，就需要进一步学习函数概念．

设计意图：通过温故知新，带领学生复习初中"变量说"的函数概念，用追问1和追问2两个问题引起学生的认知冲突，引导学生意识到进一步研究函数的必要性，思考用集合的观点如何定义函数，激发学生求知欲，发展学生的数学抽象素养．

环节2：抽象概念，内涵辨析

问题2：某"复兴号"高速列车加速到 350 km/h 后保持匀速运行半小时．

（1）这段时间内，列车行进的路程 s（单位：km）与运行时间 t（单位：h）的关系如何表示？这是一个函数吗？为什么？

（2）有人说："根据对应关系 $S=350t$，这趟列车加速到 350 km/h 后，运行 1 h 就前进了 350 km."你认为这个说法正确吗？

（3）你认为如何更加精确地表述 s 与 t 的对应关系？能用前面学习的集合的语言描述吗？

师生活动：教师给出问题（1），引导学生独立思考并写出回答要点．学生用初中函数的概念去分析问题，归纳得出："S 和 t 是两个变量，而且对于 t 的每一个确定的值，S 都有唯一确定的值与之对应，则 S 是 t 的函数"．学生在平板上给出问题（2）的选择，教师展示选择的情况，请学生说出判断的理由，学生给出不同的想法后，教师针对学生的回答适当点评，分析得出不同答案的原因是没有关注到 t 的变化范围．之后学生在教师的引导下深入思考问题（3），逐渐从集合的角度分析函数问题．教师在学生回答的基础上给出精确表述的示范，引导学生用集合表示 t 的变化范围（记为 A_1），S 的变化范围（记为 B_1），t 与 S 的对应关系．

设计意图：问题（1）让学生结合之前回顾初中所学的函数概念来回答问题，学生们对解析式 $S=350t$ 并不陌生，并且容易说明对确定时刻 t 有唯一的路程 s 与之对应．引导学生抓住函数的本质是一种对应关系；问题（2）中，由于初中并不强调变量 t 和函数 s 的变化范围，此问题激发学生的认知冲突，引导学生发现其中的不严谨，让学生能从具体的例子中体会函数的对应关系；问题（3）引导学生关注 t 的变化范围，并尝试用集合的语言刻画函数的概念，提升学生数学抽象的核心素养．

问题3：某电气维修公司要求工人每周工作至少1天，至多不超过6天．如果公司确定的工资标准是每人每天350元，而且每周付一次工资，那么：

（1）你认为该怎样确定一个工人每周的工资？

（2）一个工人的工资 w（单位：元）是他工作天数 d 的函数吗？说明理由．

（3）你能类比问题2中对 s 与 t 的对应关系的精确表示，描述此问题中 w 与 d 的对应关系吗？

师生活动：学生阅读题目后，能够轻松回答出函数关系式 $w=350d$．教师引导学生用不同的表示方法如表格的形式表示此问题，如下面为一个工人一周的工资列表：

工作时间（天）	1	2	3	4	5	6
所得工资（元）	350	700	1050	1400	1750	2100

学生给出小题（2）的选择，教师展示选择的情况，请学生说出判断的理由．小题（3）引导学生仿照小题（2）的方法给出表述，教师利用平板或者希沃白板拍照展示学生的答案，并进行针对性点评，给出严谨规范表述．

设计意图：小题（1）引导学生用表格表示，为后面函数的不同表示作铺垫；小题（2）让学生在用初中函数定义的基础上，尝试用不同方法表示函数，为认识函数对应关系做准备；小题（3）引导学生类比小题（2）的集合语言描述小题（3），既让他们熟悉用集合语言和对应关系这种表述方法，又训练抽象概括能力．

追问1：你认为工人一周所获取的工资为2450元吗？

追问2：如果将该问题中工人每天的工资改为400元，其他条件不变，你认为还可以用同样的函数来确定工人一周的工资吗？为什么？

追问3：小题（2）和小题（3）中的函数有相同的对应关系，你认为它们是同一个函数吗？为什么？你认为影响函数的要素有哪些？

师生活动：教师进行追问，启发学生思考，学生在平板上书写并提交自己的答案．学生通过思考给出回答，即分析函数问题时需要关注变量的取值范围（分别计为 A_2 和 B_2）．教师总结点评，并引导学生也可以用图象工具来区分不同的函数，体会图象的形象性．

设计意图：追问 1 帮助学生理解函数值的变化范围，追问 2 进一步帮助学生认识函数对应关系的重要性，追问 3 使学生思考确定函数的概念需要的基本条件，从而得出结论——判断两个函数是否为同一个函数，不仅要求对应关系相同，还要判断自变量的取值范围是否一致．

问题 4：下图是北京市 2016 年 11 月 23 日的空气质量指数（Air Quality Index，简称 AQI）变化图．

（1）你能根据该图确定这一天内 12：00 的空气质量指数（AQI）的 I 值吗？

（2）如何根据该图确定这一天内任一时刻 t h 的空气质量指数（AQI）的 I 值？

（3）你认为这里的 I 是 t 的函数吗？如果是，你能仿照前面的表示方法表述这个函数吗？

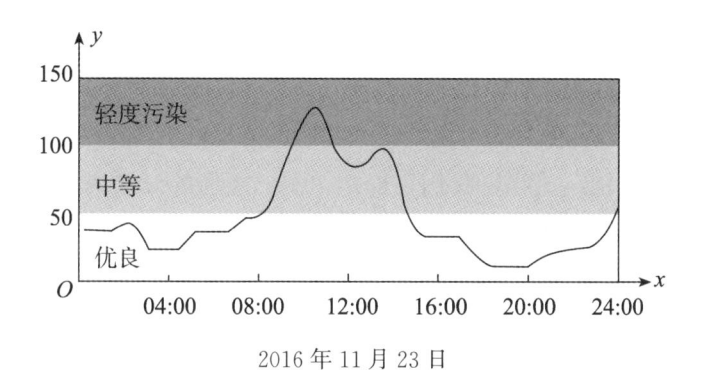

2016 年 11 月 23 日

师生活动：教师呈现问题 4，给学生适当时间进行材料的阅读与思考，并书写答案提交．教师利用平板查看，找出不一样答案，点评时帮助学生理解其原因，引导学生得出具体方法：过 $t=12$：00 作 x 轴的垂线，交空气质量指数曲线于一点，过该点作直线与 y 轴垂直，得到的纵坐标即为对应 I 值．随后让学生在问题（1）基础上回答问题（2），引导学生体会图象表示的对应关系的实质，明确由确定的 t 值找出对应 I 值的方法与步骤．教师可以引导学生发现有不同 t 的值对应相同的 I 值．在问题（3）中，因为没有用解析式表示对应关系，所以有些学生可能会从初中函数认识的角度认为 I 不是时间 t 的函数．教师继续给出以下追问．

追问1：你能写出时间 t 的变化范围，空气质量指数（AQI）值的变化范围吗？

师生活动：学生观察图象，得出时间 t 的变化范围，记为 $A_3=\{t\,|\,0\leqslant t\leqslant 24\}$，也可以由前面的方法找到 I 值的最小值 I_1 和最大值 I_2，教师引导学生认识到空气质量指数（AQI）的值 I 的变化范围可记为 $B_3=\{I\,|\,0<I<150\}$，设 I 的取值范围为 C，那么可以确定 $C\subseteq B_3=\{I\,|\,0<I<150\}$．

追问2：对于数集 $A_3=\{t\,|\,0\leqslant t\leqslant 24\}$ 中的任意一个值 t，是否有唯一对应的 I 值？你能仿照前面的方法描述 I 与 t 的对应关系吗？

师生活动：学生通过图象自主思考，随后教师通过 GGB 软件展示：取图象上任意的点 $A(t,0)(t\in[0,24])$，过点 A 作 x 轴的垂线交曲线于点 $B(t,I)$，由图可知交点只有一个，且移动点 A 的位置时，对应的点 B 的位置也在移动．从而引导学生发现对于数集 $A_3=\{t\,|\,0\leqslant t\leqslant 24\}$ 中的任意一个值 t，都有唯一确定的（AQI）的值 I 与之对应，由此可以根据初中所学的函数定义，得出 I 是 t 的函数，而且还可以断定 I 的取值范围也是确定的，不过从图中还不能确定这个范围．这样，我们可以把 I 与 t 之间的对应描述为：对于数集 A_3 中的任一时刻 t，按照图所给定的对应关系，在数集 B_3 中都有唯一确定的（AQI）的 I 值与之对应，因此 I 是 t 的函数．

设计意图：问题4让学生从图象的角度去描述对应关系，渗透数形结合思想．学生根据图象描述对应关系有困难，特别是在值域不能完全确定时，通过引入一个较大范围的集合，使函数值"落入其中"，这是学生经验中不具备的．如果用映射的观点看，这时的映射就是非满射．通过问题4的（1）（2）小题，先让学生思考如何判断某一时刻的 I 值，掌握由确定的 t 值找出对应 I 值的方法与步骤．小题（3）研究如何判断图象是否可以表示一个函数，继续通过追问1和追问2，让学生认可图象可以表示一个函数，教师给出对应关系的描述方法，从而达到突破难点的目的.

问题5：国际上常用恩格尔系数 $r\left(r=\dfrac{食物支出金额}{总支出金额}\right)$ 反映一个地区人民生活质量的高低，恩格尔系数越低，生活质量越高. 下表是我国某省城镇居民恩格尔系数变化情况，从中可以看出，该省城镇居民的生活质量越来越高.

我国某省城镇居民恩格尔系数变化情况表

年份 y	2006	2007	2008	2009	2010	2011	2012	2013	2014	2015
恩格尔系数 r（%）	36.69	36.81	38.17	35.69	35.15	33.53	33.87	29.89	29.35	28.57

（1）你认为按表给出的对应关系，恩格尔系数 r 是年份 y 的函数吗？为什么？

（2）如果是函数，你能仿照前面的表示方法表述这个函数吗？

师生活动：教师呈现问题，学生通过平板对回答（1）小题. 对于小题（2），学生分组练习，用集合与对应的语言刻画函数，然后由每组代表回答问题，教师根据学生的回答进行点评. 学生表述函数时，给出的函数值取值范围可能是表中 r 的 10 个值，教师在肯定的基础上可进行引导：对于表中任意的一个年份 y，按照表格都在 $B_4=\{r\mid 0<r\leqslant 1\}$ 中有唯一的 r 与之对应，虽然 B_4 不是函数值的变化范围，但仍像前几个问题一样，在 B_4 中函数值具有存在性和唯一性.

设计意图：学生对用表格表示的对应关系是否为函数关系的判断存在疑惑，通过问题5使学生明确函数对应关系不仅可以用解析式、图象表示，还可以用表格表示，这为抽象出函数对应关系 f 做铺垫，并且让学生进一步体会对应关系、自变量取值范围、函数值取值范围是确定函数的三个要素. 另外，通过此问题让学生明确函数值的集合与函数值所在的集合是不同的.

问题6：上述问题2～5中的函数有哪些共同特征？由此你能概括出函数的本质特征吗？

师生活动：给学生充分思考的时间，引导学生重新回顾用集合与对应语言刻画函数的过程. 如果学生归纳、概括有困难，教师可展示以下表格帮助学生思考.

问题情境	自变量的集合	对应关系	函数值所在集合	函数值的集合
问题 2	$A_1=\{t\mid 0\leqslant t\leqslant 0.5\}$	$S=350t$	$B_1=\{S\mid 0\leqslant S\leqslant 175\}$	B_1
问题 3	$A_2=\{1,2,3,4,5,6\}$	$w=350d$	$B_2=\{350,700,1050,1400,1750,2100\}$	B_2
问题 4	$A_3=\{t\mid 0\leqslant t\leqslant 24\}$	2016 年 11 月 23 日北京空气质量指数图	$B_3=\{t\mid 0\leqslant t\leqslant 150\}$	$C_3(C_3\subseteq B_3)$
问题 5	$A_4=\{2006,2007,2008,2009,2010,2011,2012,2013,2014,2015\}$	我国某省城镇居民恩格尔系数变化情况表	$B_4=\{r\mid 0<r\leqslant 1\}$	$C_4=\{0.3669,0.3681,0.3817,0.3569,0.3515,0.3353,0.3387,0.2989,0.2935,0.2857\}(C_4\subset B_4)$

学生进行小组讨论，总结共性，由代表发言；在教师的引导下，学生重新回顾用集合与对应的语言刻画函数的过程．教师引导学生得出它们的共同特征：

（1）都包含两个非空数集，用 A，B 来表示；

（2）都有一个对应关系；

（3）尽管对应关系的表示方法不同，但它们都有如下特性：对于数集 A 中的任意一个数 x，按照对应关系，在数集 B 中都有唯一确定的数 y 和它对应．

在上述归纳基础上，教师讲解除解析式、图象、表格外，还有其他表示对应关系的方法，为了表示方便，我们引进符号 f 统一表示对应关系，然后给出函数的一般概念，并解释函数的记号 $y=f(x)$，$x\in A$.

函数的概念：设 A、B 是非空的数集，如果按照某个确定的对应关系 f，使对于集合 A 中的任意一个数 x，在集合 B 中都有唯一确定的数 y 和它对应，

那么就称 $f：A→B$ 为从集合 A 到集合 B 的一个函数,记作：$y=f(x)$, $x\in A$. x 叫做自变量,x 的取值范围 A 叫作函数的定义域；与 x 的值相对应的 y 值叫作函数值,函数值的集合 $\{f(x)|x\in A\}$ 叫作函数的值域.

设计意图：学生通过归纳四个实例中函数的共同特征,从特殊到一般,概括出用集合与对应语言刻画的一般性函数概念,培养数学抽象的素养. 在此过程中,要突破"从实例中抽象出本质特征,并用抽象的符号去表达"这一教学难点,重视"学生初中已有函数认识的基础,通过实例归纳概括出函数的基本特征,用集合与对应的语言建立函数的概念"这一教学重点.

环节 3：例题讲解,理解应用

例 1 正方形的周长 l 与边长 x 的对应关系 $l=4x$ 是正比例函数 $y=4x$ 吗？请你说说理由.

师生活动：教师提出问题后,学生在平板上提交答案,教师根据答案引导学生从函数的概念与要素去进行判断.

设计意图：回应本节课引言中的问题,由此进一步加深学生对函数概念的理解.

例 2 如果让你用函数的定义重新认识一次函数、二次函数与反比例函数,你会怎样表述这些函数？

师生活动：教师用一次函数与二次函数进行示范. 学生在思考后,用反比例函数进行练习.

设计意图：用函数定义重新认识已学函数,加深对函数定义的理解,进一步体会定义域、对应关系、值域是函数的三个要素. 将初高中的函数概念进行对比,凸显初高中函数定义的相同本质.

例 3 函数的解析式是舍弃问题的实际背景而抽象出来的,它所反映的两个量之间的对应关系,可以广泛地用于刻画一类事物中的变量关系和规律. 例如,正比例函数 $y=kx(k\neq 0)$ 可以用来刻画匀速运动中路程与时间的关系、一定密度的物体的质量与体积的关系、圆的周长与半径的关系等. 试构建一个问题情境,使其中的变量关系可以用解析式 $y=x(10-x)$ 来描述.

师生活动：学生分析对应关系,联系生活实际思考讨论. 在教师的引导下，学生很容易想到面积这一实际情境.

设计意图：把函数表达式对应到具体的情境中，进一步体会函数模型应用的广泛性，提升数学建模的核心素养，加深学生对函数概念的理解.

环节 4：概括总结，反思提升

问题 7：回顾本节课的学习内容，回答下列 4 个问题：

(1) 什么是函数？其三要素是什么？

(2) 对于对应关系 f，你有哪些认识？

(3) 与初中学习过的函数概念相比，你对函数又有什么新的认识？

(4) 本节课我们是怎样得到函数概念的？结合本节课的学习，你对如何学习数学又有什么体会？

师生活动：教师引导学生回顾本节课的学习内容，并出示以上问题，学生思考归纳，总结交流，最后教师总结强调如下几点：

(1) 函数的定义是判断一个对应关系是不是函数的标准.

(2) 要通过具体例子理解函数的对应关系 f 的特征，要认真体会"A 中的任意一个数""B 中都有唯一确定的数"等含义中关键词的内涵.

(3) 对应关系 f 的表示形式可以是解析式、图象、表格等多种形式，但它们的实质相同，在后续的学习中要注意积累用适当的方式表示函数的经验.

(4) 构建函数概念学习过程：具体函数→一类函数→变量说→归纳共性→集合对应说→概念辨析→简单应用.

设计意图：通过总结，让学生进一步巩固本节所学内容，引导学生从函数概念的内涵、要素的归纳过程、关键词的理解等角度进行小结，梳理研究思路，明确函数概念学习的一般步骤，进一步加深对函数概念的理解，提高学生的抽象概括能力和逻辑推理能力，发展数学抽象、逻辑推理、数学建模等核心素养.

环节 5：目标检测，检验效果

1. 一枚炮弹发射后，经过 26 s 落到地面击中目标. 炮弹的射高为 845 m，且炮弹距地面的高度 h（单位：m）与时间 t（单位：s）的关系为 $h=130t-5t^2$. 求函数的定义域与值域，并用函数的定义描述这个函数.

设计意图：给出用解析式表示对应关系的函数，检测学生对函数三要素的认识和对用函数定义描述函数的掌握情况.

2. 某年 11 月 2 日 8 时至次日 8 时（次日的时间前加 0 表示）北京的温度走势如图所示.

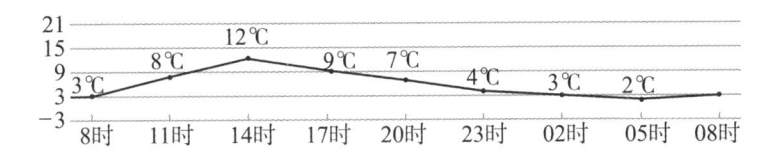

（1）求对应关系为图中曲线的函数的定义域与值域；

（2）根据图象，求这一天 12 时所对应的温度.

设计意图：给出用图象表示对应关系的函数，检测学生对函数三要素的认识和应用函数定义求具体函数值的能力.

3. 集合 A，B 与对应关系 f 如下图所示.

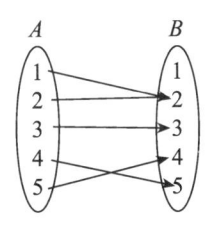

$f：A \to B$ 是否为从集合 A 到集合 B 的函数？如果是，那么定义域、值域与对应关系各是什么？

设计意图：给出用表格表示对应关系的函数，检测学生通过表格判断函数三要素的能力.

4. 构建一个问题情境，使其中的变量关系能用解析式 $y=\sqrt{x}$ 来描述.

设计意图：检测学生对用函数模型描述实际生活中的变量关系的应用能力.

▶ 课后作业

1. 书面作业：完成校本作业.

2. 拓展任务：（数学写作）学生通过数学阅读、搜集并查阅资料，了解函数概念的发展史，梳理函数概念发展过程中做出重要贡献的数学家（莱布尼茨、欧拉、伯努利、拉格朗日、清代数学家李善兰等）以及他们的主要贡献．

设计意图：检测学生对函数概念的掌握与理解，对函数三要素的认识和应用，对用函数模型描述实际生活中的变量关系的应用．通过布置拓展任务，引导学生课后通过查询资料、阅读数学史，提升数学写作的能力．

教学评价：学生学习评价表

评价内容	评价指标	评价要求	评价方法
基本知识技能评价	函数的概念	理解	师生问答、问题检测
基本数学能力评价	抽象概括	1. 能通过类比问题2的集合语言来描述问题3～5，熟悉表述方法． 2. 能从实际问题情境中抽象出函数概念并用数学符号表示． 3. 能从函数概念的内涵、要素的归纳过程，对关键词的理解等角度进行小结，进一步加深对函数概念的理解．	交流展示、师生问答、问题检测
	直观想象	能用函数图象表述函数．	
数学思想方法评价	函数与方程	能用函数模型观察分析实际问题中的数学关系，建立用函数模型去描述现实世界的变化规律．	
	数形结合	（问题4）能从图象的角度描述对应关系． 能分别用函数解析式和图象去表述函数，体会函数图象工具性作用．	
	特殊与一般	通过归纳四个实例中函数的共同特征，概括出用集合与对应语言刻画的一般性函数的概念．	

续表

评价内容	评价指标	评价要求	评价方法
数学核心素养评价	数学抽象	能通过归纳四个实例中函数的共同特征，概括出用集合与对应语言刻画的一般性的函数概念，从实例中抽象出本质特征，并用抽象的符号去表达.	师生问答、问题检测
	数学建模	（环节3）能在完成例3的过程中，把函数表达式对应到具体的情境中，进一步体会函数模型应用的广泛性.	
数学学习过程评价	参与数学活动的程度	能专注地投入到每一节数学课的课堂学习.（环节1）能从实际情境中发现问题，提出问题.	观察评价、学生互评、课堂测试
	合作交流的意识和情感	能愿意积极主动地和同学之间进行合作学习.	
	数学学习自信心	对数学知识具备一定的学习兴趣和自信心.	
	课堂作业情况	能独立自主并快速完成课堂测试.	

教学设计4 4.5 函数的应用（二）

一、单元内容和内容解析

1. 内容

二分法与求方程近似解、函数与数学模型.

2. 知识结构图

```
                        ┌─────────────┐
                        │  函数的应用  │
                        └──────┬──────┘
                  ┌────────────┴────────────┐
        ┌─────────┴─────────┐       ┌───────┴────────┐
        │二分法与求方程近似解│       │函数模型的实际应用│
        └─────────┬─────────┘       └───────┬────────┘
          ┌──────┴──────┐             ┌────┴─────┐
    ┌─────┴────┐  ┌─────┴────┐  ┌─────┴────┐ ┌──┴──────┐
    │函数的零点│  │用二分法  │  │对数增长  │ │函数模  │
    │与方程的解│  │求方程的  │  │直线上升  │ │型的应  │
    │          │  │近似解    │  │指数爆炸  │ │用举例  │
    └──────────┘  └──────────┘  └──────────┘ └─────────┘
```

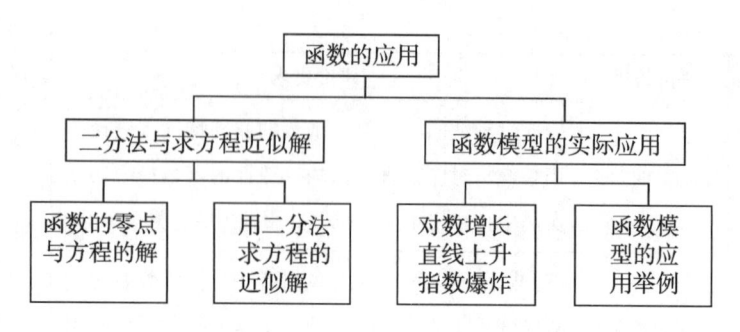

3. 内容解析

函数应用不仅体现在用函数解决数学问题，更重要的是用函数解决实际问题．函数与方程思想，转化与化归思想，数形结合思想，二分法，逼近思想，算法思想等．

本单元在学习人民教育社出版的（下文简称人教版）《普通高中教科书 数学 必修 第一册》第三章"函数的概念与性质"、第四章"指数函数与对数函数"的基础上，从两个方面介绍函数的应用．一是数学学科内部的应用，利用所学过的函数研究一般方程的解；二是实际应用，建立实际问题的函数模型，并通过函数模型反映实际问题的变化规律，从而分析和解决实际问题，这是人教版《普通高中教科书 数学 选择性必修 第二册》第五章"一元函数的导数及其应用"用导数研究函数零点的基础．本单元将帮助学生从函数的观点认识方程，了解用二分法求方程近似解的思路、步骤和算法，提升数学运算素养，同时强调数学模型的广泛应用和参数的现实意义，着眼于学生对数学应用的理解，认识数学的价值，提升数学建模素养．

函数零点与方程解的关系，函数零点存在定理的应用，用二分法求方程近似解的思路与步骤，用函数建立数学模型解决实际问题的基本过程．

本单元安排 5 个课时教学．

第 1 课时　函数的零点与方程的解；

第 2 课时　二分法；

第 3 课时　不同函数增长的差异；

第 4 课时　函数模型的应用举例（1）；

第 5 课时　函数模型的应用举例（2）.

二、单元目标和目标解析

1. 目标

了解函数的零点与方程解的关系；了解零点存在性定理；掌握运用函数性质求方程近似解的基本方法（二分法）；理解用函数构建数学模型的基本过程；运用模型思想发现和提出问题、分析和解决问题.

2. 目标解析

达成上述目标的标志是：

（1）能结合函数图象，初步认识方程的解、函数的零点、函数的图象与 x 轴的公共点之间的相互关系.

（2）会结合具体的连续函数及其图象解释函数零点存在定理，并会利用定理识别函数在某个区间内是否存在零点，以及利用函数图象与性质判断函数零点的个数.

（3）知道用二分法求方程近似解的原理和步骤，并能借助信息技术用二分法求方程的近似解.

（4）能结合具体的实际问题情境，利用计算工具，比较对数函数、线性函数、指数函数增长的差异，并描述对数增长、直线上升、指数爆炸等术语的现实含义；能结合已知数据的特征，根据不同函数增长的差异，合理选择函数模型，并利用所建立的函数模型解决有关实际问题.

三、单元教学问题诊断分析

在零点存在定理的教学中，学生从具体的函数图象概括出一般化的特征，并用取值规律这一代数形式来表达，这种从形到数的转化往往是学生思维的障碍.

在二分法教学中，从具体的函数出发利用二分法求方程的近似解较为容易，但把二分法的步骤抽象成一般化的算法并用符号来表示是一个难点.

在函数模型的应用教学中，利用已知函数模型解决实际问题比较容易操作，但选择合适的函数模型解决实际问题，需要对不同函数模型的增长规律有一定的了解，并且需要注意符合实际问题中的条件限制.

本单元的教学难点是：函数零点存在定理的导出，用二分法求方程近似解的算法，选择恰当的函数模型分析和解决实际问题，并对给定的函数模型进行简单的分析评价.

四、单元教学支持条件分析

为了帮助学生克服作函数图象的困难，教师应在以往函数的学习中教学生使用 GGB 软件作函数图象. 在教学中，教师应充分利用 GGB 和 Microsoft Excel 的计算、列表、作图等功能，生成数据、散点图与函数图象，让学生通过观察图象，发现图象变化的规律，更加形象直观地理解零点存在性定理，通过迭代工具完成二分法重复性的工作，选择合适的函数模型.

五、课时教学过程设计

第 1 课时

▶ 课时教学内容

函数的零点与方程的解.

▶ 课时教学目标

1. 通过回顾二次函数零点，了解函数零点的概念，了解函数的零点、方程的根与图象交点三者之间的联系，发展直观想象能力.

2. 通过实例理解函数零点与方程的根以及函数图象与 x 轴交点的关系，掌握零点存在性定理的运用；会借助零点存在性定理判断函数的零点所在的大致区间，能借助函数单调性及图象判断零点个数，发展逻辑推理素养.

3. 经历认识函数零点的过程，会认识事物的特殊性与一般性之间的关系，发展数学数形结合及函数思想，提高数学抽象、直观想象、逻辑推理等素养.

▶ 教学重点与难点

重点：函数的零点，零点存在性定理.

难点：函数的零点、方程的根与图象交点三者之间的联系.

● 教学过程设计

环节一：问题引入

问题1：（多选题）函数 $f(x)=x^2-2x-3$ 的零点为（　　）

A．-1　　　　B．3　　　　C．$(-1,0)$　　　　D．$(3,0)$

追问1：零点是二次函数图象上的点吗？它们之间有什么区别与联系？

追问2：二次函数的零点是怎样定义的，能否给出一般函数的零点的概念？

师生活动：教师通过学生的反馈，可选择回顾二次函数零点的概念或提出进一步的问题，进而引出函数零点的概念：

对于一般函数 $y=f(x)$，我们把使 $f(x)=0$ 的实数 x 叫做函数 $y=f(x)$ 的零点．即函数的零点就是使函数值为零的自变量的值．

设计意图：问题1可能出现的回答为AB，CD，选择CD的同学对零点概念模糊不清，需重温才能继续本节课的学习．设计问题1意在回顾二次函数零点的概念，检测学生是否能够应用学过的数学方法解决简单问题．能够在熟悉的数学情境中，根据问题的特征建立合适的运算思路，解决问题．

设计追问1意在区分零点与图象上的点，避免少部分学生因知识混乱引起认识误差影响后续学习，同时建立起数与形之间的联系，渗透数形结合思想；设计追问2意在通过对问题的回顾，提出一般函数零点的概念，遵循从特殊到一般的认知规律，有利于学生把握函数零点的本质．

问题2：一元二次方程的解与对应二次函数的图象和 x 轴交点的横坐标有什么关系？

追问1：方程解的个数和对应函数与 x 轴交点个数是否相同？如何利用一元二次方程的根的判别式判定相应二次函数图象与 x 轴交点个数？

追问2：一般方程解的个数是否也有类似方法判定，如何判定？

追问3：方程 $f(x)=0$ 的解、对应函数 $y=f(x)$ 的零点与函数 $y=f(x)$ 的图象与 x 轴的公共点有什么联系？

师生活动：教师引导学生回顾"一元二次方程 $ax^2+bx+c=0$ 有实根$\Leftrightarrow$一元二次函数 $y=ax^2+bx+c$ 有零点$\Leftrightarrow$一元二次函数 $y=ax^2+bx+c$ 的图象

与 x 轴有公共点",得到结论:函数 $y=f(x)$ 的零点就是方程 $f(x)=0$ 的实数解,也就是函数 $y=f(x)$ 的图象与 x 轴的公共点的横坐标,所以方程 $f(x)=0$ 有实数解⇔函数 $y=f(x)$ 有零点⇔函数 $y=f(x)$ 的图象与 x 轴有公共点.

设计意图:问题 2 用函数的观点看待方程,把方程的解理解为"使函数值为 0 的自变量",建立了二者之间的内在联系.意在引导学生回顾二次函数零点与二次方程根的对应关系,检测学生是否能够通过图形直观认识数学问题;能够用图形描述和表达熟悉的数学问题、启迪学生解决这些问题的思路,体会数形结合的数学思想.设计追问 1 意在引导学生注意方程的解与函数图象与 x 轴交点横坐标的一一对应关系,二次方程特有的根的判别式的作用.检测学生是否能够在关联情境中,想象并构建相应的几何图形;发现图形与图形、图形与数量的关系.设计追问 2 意在引发认知冲突,转化解方程的问题为函数的零点问题,突出函数的核心地位.通过学生活动,判断学生是否能够掌握研究图形与图形、图形与数量之间关系的基本方法,能够借助图形性质探索数学规律,解决实际问题或数学问题.追问 3 通过类比,引导学生得出结论"方程 $f(x)=0$ 有实根⇔函数 $y=f(x)$ 有零点⇔函数 $y=f(x)$ 的图象与 x 轴有公共点",再顺理成章地判断学生是否能够通过对条件与结果的分析,探索论证的思路,选择合适的论证方法予以证明,并能用准确的数学语言表述论证过程.

问题 3:若你有一台安装有 GGB 软件的平板电脑,请设计一个方案求方程 $\ln x+2x-6=0$ 的实数解的个数.

提示:可结合方程 $f(x)=0$ 的解、对应函数 $y=f(x)$ 的零点与函数 $y=f(x)$ 的图象与 x 轴的公共点之间的联系,设计解决方案.

师生活动:该方程并不属于我们接触过的任何一类可解方程,因此不能从解方程的角度判断方程实数解的个数,结合函数的零点与方程的解的联系,可选择借助函数图象,直观观察函数零点的个数;也可以借助函数的零点存在定理,引入零点存在定理.

设计意图:检测学生分析、解决问题能力和创新意识,引导学生进一步认识函数与方程的关系：先将方程的问题转化为函数问题，再结合信息技术手段，利用函数的图象与性质解决问题，帮助学生通过直观想象进一步领悟函数的本质．

问题 4：如果定义在区间 $[a, b]$ 上的函数 $y=f(x)$ 图象是一条连续不断的曲线，且有 $f(a) \cdot f(b)<0$，尝试画出函数 $y=f(x)$ 的图象，判断函数 $f(x)$ 是否存在零点，与同学讨论原因．

学生活动：画函数图象并观察．讨论函数 $y=f(x)$ 此时有零点的条件．

师生活动：师生共同归纳出函数零点存在定理．

零点存在定理：如果函数 $y=f(x)$ 在区间 $[a, b]$ 上的图象是一条连续不断的曲线，且有 $f(a) \cdot f(b)<0$，那么，函数 $y=f(x)$ 在区间 (a, b) 内至少有一个零点，即存在 $c \in (a, b)$，使得 $f(c)=0$，这个 c 也就是方程 $f(x)=0$ 的解．

追问 1：如果定义在区间 $[a, b]$ 上的函数 $y=f(x)$ 图象是一条连续不断的曲线，你认为函数 $y=f(x)$ 是否有零点？

追问 2：如果定义在区间 $[a, b]$ 上的函数 $y=f(x)$ 满足条件 $f(a) \cdot f(b)<0$，你认为函数 $y=f(x)$ 是否有零点？

追问 3：如果定义在区间 $[a, b]$ 上的函数 $y=f(x)$ 图象是一条连续不断的曲线，且有 $f(a) \cdot f(b)<0$，你能否确定函数 $y=f(x)$ 零点的个数？

设计意图：问题 4 的限制条件"区间""连续""异号"，指向明确地探究函数零点存在定理，意在促使学生借助图形性质探索数学规律．师生共同归纳定理的活动，意在培养学生提炼出解决一类问题的数学方法，理解其中的数学思想．追问 1～3 通过减少问题 4 的限制条件，意在让学生深入体会限制条件的重要性，学生可以通过举反例说明某些数学结论不成立．

问题 5：函数 $f(x)=\ln x+2x-6$ 在以下（　　）区间一定存在零点．

A．$(0, 1)$　　　　　　　　B．$(1, e)$

C．$(e, 3)$　　　　　　　　D．$(3, 4)$

解：由于 $f(1)<0$，$f(e)>0$，且函数 $f(x)=\ln x+2x-6$ 在定义域内连

续，利用零点存在定理可得：函数 $f(x)=\ln x+2x-6$ 在 (1, e) 内有零点.

追问 1：上面问题利用零点存在定理解决了函数零点存在的问题，当然也就解决了相应方程解的问题，那么要如何解决函数零点个数问题？函数 $f(x)=\ln x+2x-6$ 有几个零点？为什么？

师生活动：加入单调性的条件. 至此，我们解决了函数零点的存在性与唯一性的问题.

> 分析：判断函数 $f(x)=\ln x+2x-6$ 单调性，易见这个函数在其定义域内为递增函数，从而此函数在定义域内有唯一零点.
>
> 得到推论：如果函数 $y=f(x)$ 在区间 $[a,b]$ 上的图象是连续不断的一条曲线，在区间 $[a,b]$ 上具有单调性，且 $f(a)\cdot f(b)<0$，那么函数 $y=f(x)$ 在区间 (a,b) 上有唯一零点.

追问 2：结合已经学过的一次函数图象和对数函数图象，是否还有其他解决问题的方法？

学生活动：讨论得出结果.（先将求函数 $f(x)=\ln x+2x-6$ 的零点问题转化为方程 $\ln x=-2x+6$ 的解的问题，并结合函数 $y=\ln x$ 和 $y=-2x+6$ 的图象，结合函数单调性判定）

追问 3：如何解决一般函数 $y=f(x)$ 的零点个数问题.

学生活动：讨论得出结果.（先研究函数单调性，作出函数大致图象，再结合函数图象和零点存在定理判定）

追问 4：若函数 $y=f(x)$ 在区间 (a,b) 上存在零点，是否函数图象一定是连续不断的？是否一定有 $f(a)\cdot f(b)<0$？

学生活动：作函数图象，做出否定的回答.

设计意图：问题 5 直接应用零点存在定理，解决简单问题. 追问 1 意在利用函数 $f(x)=\ln x+2x-6$ 的单调性得出零点存在定理的推论，让学生在熟悉的情境中直接抽象出数学概念和规则，能够在特例的基础上归纳并形成简单的数学命题. 追问 2 意在让学生学会联想所学知识解决问题，培养学生在遇到与学过的知识有关联的数学命题时，通过对条件与结果的分析，探索论证的思路,选择合适的论证方法予以证明,并能用准确的数学语言表述论证过程. 追问 3 意在引导学生提炼出解决一类问题的数学方法. 追问 4 明确零点存在定理只是给出函数存在零点的充分条件,而不是充要条件. 通过举反例说明某些数学结论不成立.

环节二:课堂小结

教师引导学生回顾本节课学习的主要内容:函数的零点,函数零点与方程的解的关系,零点存在定理及其推论. 提炼其中蕴含的数学思想方法:函数与方程、数形结合、化归与转化思想.

环节三:布置作业

人民教育出版社出版的《普通高中教科书 数学 必修 第一册》(人教版)第 155 页习题 4.5 复习巩固 1,2,3,综合运用 7,拓广探索 9.

设计意图:通过回顾本节课学习的主要内容,让学生进一步体会学习过程中的数学思想方法. 分层作业适用范围广,激发学生的探索兴趣.

▶ 课后作业

(1) 函数 $f(x)=2^x-3$ 有_____个零点,可能存在于区间_____.(写出尽可能精确的区间)

【答案】1,(1,2)(所给区间应包含 $\log_2 3 \approx 1.58496$)

设计意图:通过具体单调函数零点存在区间的探究,检测学生能否通过图形直观认识数学问题;能否对与学过的知识有关联的数学命题,通过条件与结果的分析,探索论证的思路,选择合适的论证方法予以证明,并能用准确的数学语言表述论证过程;在课堂上应该充分肯定学生的探究能力和创新精神,增强学生学好数学的自信心,并指出其中隐藏的二分法思想,为下节课内容"用二分法求方程的近似解"的学习埋下伏笔.

(2)(多选题)对于函数 $f(x)$,若 $f(-1)\cdot f(3)<0$,则(   ).

A. 方程 $f(x)=0$ 可能有实数解　　B. 方程 $f(x)=0$ 一定无实数解
C. 方程 $f(x)=0$ 一定有实数解　　D. 方程 $f(x)=0$ 可能无实数解

【答案】AD

设计意图:检测学生是否能够在熟悉的情境中,用归纳或类比的方法,发现数量或图形的性质、数量关系或图形关系；检测学生对与学过的知识有关联的数学命题，是否能够通过对条件与结果的分析，探索论证的思路，选择合适的论证方法予以证明.

（3）尝试利用多种方法判断函数 $f(x)=\ln x+x^2-3$ 的零点的个数，并说明理由.

【答案】 有一个零点.

设计意图：通过练习巩固本节所学知识，巩固对函数零点及判定定理的理解，检测学生的直观想象、数学抽象和逻辑推理等核心素养的达成度. 对与学过的知识有关联的数学命题，能够通过对条件与结果的分析，探索论证的思路，选择合适的论证方法予以证明.

教学设计5　5.2　三角函数的概念

一、单元内容和内容解析

1. 内容

三角函数的概念，三角函数值的符号，终边相同的角的同一三角函数的值相等（下文简称公式一），同角三角函数的基本关系.

2. 知识结构图

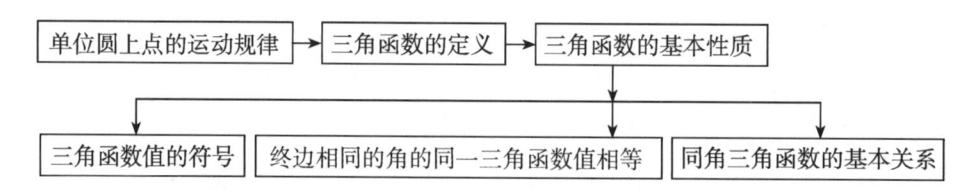

单位圆上点的运动规律 → 三角函数的定义 → 三角函数的基本性质

三角函数值的符号　　终边相同的角的同一三角函数值相等　　同角三角函数的基本关系

3. 内容解析

客观世界中有各种各样的运动变化现象，函数是对相应运动变化规律的刻画，指数函数和对数函数分别刻画了"指数爆炸""对数增长"现象，周期函数刻画了"周而复始"现象，函数是解决数学问题的基本工具，是学习其他学科的重要基础.

幂函数、指数函数等是通过具体实例的共性归纳而抽象出来的,三角函数概念的建构过程与前面各类基本初等函数概念的建构过程不同,三角函数概念是直接由单位圆上点的运动规律的描述得到的. 三角函数是以角度(数学上最常用弧度制)为自变量,角度对应任意角终边与单位圆交点坐标或其比值为因变量的函数.

三角函数值的符号规律是三角函数的一条性质. 根据定义得出三角函数的定义域和函数值的符号规律,对于三角函数值的符号,只要根据定义以及单位圆上点的位置(在哪个象限),就可以容易地得出判断.

公式一从代数的角度揭示了三角函数值的周期变化规律,即"角的终边每绕原点旋转一周,函数值重复出现",这体现了几何与代数的融合.

三个三角函数都是由"角 α 的终边与单位圆的交点 $P(x, y)$"这一共同背景所决定的,并且 x, y 之间有确定的关系 $x^2+y^2=1$,在此基础上探究出确定的三个三角函数之间的关系.

三角函数概念的形成中,通过数学抽象,将匀速圆周运动归结到单位圆上点的运动规律的刻画,进而建立三角函数的概念,整个探究过程经历从形到数的思维,蕴含着数形结合的思想,发展直观想象与数学抽象素养.

从几个特殊角出发,归纳出共同特征,再概括形成三角函数的概念,这是从特殊到一般的数学思想方法,利用定义证明同角三角函数的基本关系过程,最后形成标准化的求解步骤,蕴含着算法思想.

让学生先体验"给定一个角,如何得到对应的函数值"的操作过程,然后再给定义. 这是在一般函数概念引导下的"下位学习":由三角函数对应关系的独特性,使学生再一次认识函数的本质.

用单位圆上点的坐标定义三角函数,使正弦函数、余弦函数从自变量(角的弧度数)到函数值(单位圆上点的横、纵坐标)之间的对应关系更清楚、简单,突出了三角函数的本质,首先有利于学生利用已学的函数概念来理解三角函数;其次是使三角函数反映的数形关系更直观,为后续奠定思维基础.

从整体上看，三角函数处于高中数学课程内容的结合点上，它与平面向量、复数、函数等有着紧密的联系，是后续其他知识学习的基础，可以通过加强三角函数在后续相关内容中的应用来体现（如解三角形）.

学生经历完整的三角函数的概念形成过程，体会了从特殊到一般，从直观到抽象等数学思想，发展了数学抽象、直观想象等数学核心素养；在利用定义判断三角函数值的符号和同角三角函数基本关系的过程中，有利于发展逻辑推理、数学运算等核心素养. 本单元的研究路径为：明确研究对象—对应关系特点的分析—定义—性质. 通过这个研究路径，可体悟研究问题的一般观念.

正弦函数、余弦函数、正切函数的定义，终边相同的角的三角函数值（公式一），同角三角函数的基本关系.

本单元安排 3 个课时教学.

第 1 课时　三角函数的概念；

第 2 课时　终边相同的角的同一三角函数值相等；

第 3 课时　同角三角函数的基本关系.

二、单元目标及其解析

1. 目标

（1）了解三角函数的背景，体会三角函数与现实世界的密切关系.

（2）经历三角函数概念的抽象过程，借助单位圆理解任意角三角函数（正弦、余弦、正切）的定义，发展数学抽象素养.

（3）掌握三角函数值的符号.

（4）掌握公式一，初步体会三角函数的周期性.

（5）理解同角三角函数的基本关系式：$\sin^2\alpha + \cos^2\alpha = 1$，$\dfrac{\sin\alpha}{\cos\alpha} = \tan\alpha$，体会三角函数的内在联系性，通过运用基本关系进行三角恒等变换，发展数学运算素养.

2. 目标解析

达成上述目标的标志是：

（1）学生能够知道三角函数是刻画现实世界中"周而复始"变化规律的数学工具，能体会到匀速圆周运动在周而复始变化现象中的代表性.

（2）学生在经历"周期现象—圆周运动—单位圆上点的旋转运动"的抽象活动中，能明确研究的问题（单位圆$\odot O$上的点P以A为起点做旋转运动，建立数学模型，刻画点P的位置变化情况）. 学生在教师的引导下，能发现对任意角α，点P的横坐标x、纵坐标y都是唯一确定的，从而建立三角函数的概念，体会三角函数的对应关系与以往的函数有所不同，不是通过运算建立的对应，是自变量α与函数值之间的直接对应；能够根据定义求给定角的三角函数值.

（3）学生能根据定义得出三角函数在各象限取值的符号规律.

（4）学生能根据定义，结合终边相同的角的表示，得出公式一，并能据此描述三角函数周而复始的取值规律，求某些角（特殊角）的三角函数值.

（5）学生能利用定义以及单位圆上点的横、纵坐标之间的关系，发现并得出"同角三角函数的基本关系"，并能用于三角恒等变换.

三、单元教学问题诊断分析

对于三角函数概念的学习，学生可根据研究函数的经验，利用平面直角坐标系研究单位圆上点的运动变化规律. 前面学习的基本初等函数，涉及的量（常量与变量）、解析式都有明确的运算含义，而三角函数中，对应关系不以"代数运算"为媒介，是"α与x，y直接对应"，无需计算. 虽然α，x，y都是实数，但实际上是"几何元素间的对应"，所以，三角函数中的对应关系，与学生的已有经验差别较大，由此产生学习难点：理解三角函数的对应关系，包括分析影响单位圆上点的坐标变化的因素，以及对三角函数的定义的方式的理解. 为了破除学生在"对应关系"认识上的定式，帮助他们搞清三角函数的"三要素"，可根据一般函数概念引导下的"下位学习"的特点，先让学生明确"给定一个角，如何得到对应的函数值"的操作过程，然后再给出定义，这样的教学不仅能使三角函数定义的引入更自然，而且依托三角函数对应关系的独特性，学生能再一次认识函数的本质. 具体地，可让学生先完成"给定一个特殊角,求它的终边与单位圆交点坐标"的任务,例如"当 $\alpha = \frac{\pi}{6}$ 时,请找出相应点 P 的坐标",并让学生体会到点 P 的坐标的唯一确定性,再借助信息技术,让学生观察:任意给定一个角 $\alpha \in \mathbf{R}$,它的终边与单位圆的交点坐标是否唯一,并以此为理解三角函数的对应关系奠定基础.

由于三角函数的定义的抽象性,对应关系的差异性,学生对三角函数的定义的理解存在困难. 首先,α 是一个任意角,同时也是一个实数(弧度数),α 的意义实际上是"对于 $\mathbf{R}$ 中的任意一个数";其次"α 的终边与单位圆交于点 $P(x, y)$",实际上给出了两个对应关系,即,①实数 α(弧度)对应于点 P 的纵坐标 y;②实数 α(弧度)对应于点 P 的横坐标 x,其中 $y \in [-1, 1]$. 因为对于 $\mathbf{R}$ 中的任意一个数 α,它的终边唯一确定,所以交点 $P(x, y)$ 也唯一确定,也就是纵坐标 y 和横坐标 x 都由 α 唯一确定,所以对应关系①②分别确定了一个函数,这是理解三角函数定义的关键.

由于三角函数联系方式的特殊性,学生在已有的基本初等函数学习中没有这种经验,以及学生从联系的观点看问题的经验不足,对"如何发现函数的性质"的认识不充分等而导致的发现和提出性质的能力不强. 为此,学生对三角函数内在联系性的本质认识存在困难. 教学中应在思想方法上加强引导. 例如,通过设置问题逐步加深三个函数联系的理解,"对于给定的角 α,点 $P(\cos\alpha, \sin\alpha)$ 是 α 的终边与单位圆的交点,而 $\tan\alpha$ 则是点 P 的纵坐标与横坐标之比,因此这三个函数之间一定有内在联系,从定义出发,研究一下它们有怎样的联系,引导学生探究同角三角函数基本关系.

本单元的教学难点是:理解三角函数的定义方式,三角函数内在联系性的认识.

四、单元教学支持条件分析

学生对一般函数概念及基本初等函数的学习经验的积累,对现实生活中"周而复始"现象的理解都成为本单元学习的基础.

信息技术的适当使用有利于培养学生的直观想象能力,如,三角函数概念的抽象,可以通过 GGB 软件动态改变角 α 的终边 OP(P 为终边与单位圆的交点）的位置，引导学生观察终边 OP 位置的变化所引起的点 P 坐标的变化规律，感受三角函数的本质，同时感受终边相同的角具有相同的三角函数值，以及各三角函数在各象限中符号的变化情况.

五、课时教学设计

第 3 课时　同角三角函数的基本关系

▶ 课时教学内容

同角三角函数的基本关系：平方关系、商数关系.

▶ 课时教学目标

（1）通过探究及推导同角三角函数的基本关系，在公式的形成过程中理解同角三角函数关系及其联系，发展学生的直观想象、逻辑推理、数学运算等素养；

（2）能够熟练运用公式解决"由一个三角函数值求其他三角函数值的求值问题（知一求二）"，能灵活运用公式证明简单的三角恒等式，并掌握公式的简单变换；

（3）经历同角三角函数的基本关系公式的探索，体验发现原理和应用原理的过程，积累数学学习的基本活动经验，在一系列问题解决中感悟数形结合、分类讨论、方程思想、化归转化等基本数学思想方法.

▶ 教学重点与难点

重点：引导学生自主探索、发现、证明同角三角函数的基本关系公式，准确、熟练、灵活应用两个公式解决相关的求值问题和证明简单的三角恒等式.

难点："知一求二"的求值问题的分类讨论，进行求值和证明中公式的灵活变换.

▶ 教学过程设计

探究引入：因为三个三角函数值都是由角的终边与单位圆的交点所唯一确定的，所以终边相同的角的三个三角函数值一定有内在联系．我们不妨讨论同一个角的三个三角函数值之间的关系.

问题1：已知 $\alpha=120°$，它是第几象限角？你能求出 $\sin\alpha$，$\cos\alpha$，$\tan\alpha$ 的值吗？说说你是怎么求的？

师生活动：教师给出问题，提醒学生回顾任意角的三角函数的定义及其在各象限的符号.

设计意图：先从特殊情况出发，再让学生回顾任意角的三角函数的定义及其在各象限的符号. 若课堂上学生能够比较自觉地想到用三角函数的定义及其各象限的符号来进行判定，则可引导学生进入下一环节，若学生反馈效果比较不理想，则可以在三角函数的定义及其在各象限的符号判定上再巩固复习.

追问1：如图，设 α 是任意一个角，它的终边与单位圆交于点 P，那么正弦线 MP 与余弦线 OM 长度之间有什么内在联系？由此你能得到什么结论？

师生活动：学生观察图象后，回答：在 $\triangle OMP$ 中 $MP^2+OM^2=1$. 教师引导学生将其转化为三角函数值表示，得到 $\sin^2\alpha+\cos^2\alpha=1$.

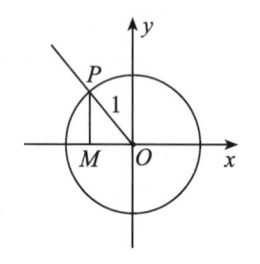

追问2：上述关系反映了角 α 的正弦与余弦的内在联系，那么角 α 是否需要在 $[0，2\pi]$ 范围内？

追问3：上述关系式 $\sin^2\alpha+\cos^2\beta=1$ 是否成立？

追问4：那么当角 α 的终边在坐标轴上时，上述关系成立吗？

师生活动：从特殊角出发验证 $\sin^2\alpha+\cos^2\beta=1$ 不一定成立，当角 α 的终边在坐标轴上时，从特殊角出发验证 $\sin^2\alpha+\cos^2\alpha=1$ 关系成立，从而归纳得到 $\sin^2\alpha+\cos^2\alpha=1$ 对任意角都成立，体会从特殊到一般的数学思想.

设计意图：让学生经历从特殊到一般的探究过程，深入探究了同角三角函数的基本关系、其推导过程及注意点. 在本节中"如何发现性质"主要通过以下两步完成：①从定义出发；②发挥单位圆的作用，体会"三角函数的性质是圆的几何性质的解析表示". 通过层层设问，构造认知冲突，让学生通过操作感知和小组讨论，辨伪纠错，认识到同角三角函数的基本关系公式中的"同角"，只需要角度相同即可，与角的形式无关，比如 $\sin^2 4\alpha+\cos^2 4\alpha=$

1等，同时还需注意商数关系式和三角恒等式都是对于使它们有意义的角而言的．通过探究，观察发现、学会推导同角三角函数的基本关系式，归纳得到上述式子对任意角都成立，培养学生数学思维的严谨性，提升其逻辑推理素养．

问题2：设角α的终边与单位圆交于点$P(x,y)$，根据三角函数的定义，有$\tan\alpha=\dfrac{y}{x}(x\neq 0)$，由此可得$\sin\alpha$，$\cos\alpha$，$\tan\alpha$之间满足什么关系？

师生活动：学生从$\tan\alpha$定义较容易得到$\tan\alpha=\dfrac{\sin\alpha}{\cos\alpha}$，教师请一名学生分享结论，在此基础上进行追问，让其他学生补充完善角α的条件．

追问1：上述关系称为商数关系，那么商数关系成立的条件是什么？

追问2：当$\sin\alpha$，$\cos\alpha$，$\tan\alpha$这三个函数值中有一个确定了，另外两个三角函数值是否也是确定的？

追问3：要使追问2中的另外两个三角函数值确定还需要满足什么条件？

师生活动：引导学生通过观察角终边的变化得到商数关系成立的条件是$\alpha\neq\dfrac{\pi}{2}+k\pi\,(k\in\mathbf{Z})$，当$\sin\alpha$，$\cos\alpha$，$\tan\alpha$这三个函数值中有一个确定了，另外两个三角函数值还无法确定，可通过举例说明，如$\sin\alpha=\dfrac{1}{2}$，则$\cos\alpha=\dfrac{\sqrt{3}}{2}$或$\cos\alpha=-\dfrac{\sqrt{3}}{2}$，从而$\tan\alpha$也无法确定，通过引导，让学生理解要确定函数值的符号还需要考虑角所在的象限．

设计意图：通过探究，掌握同角三角函数之间的关系，理解上述式子成立的条件，培养学生的思辨能力，养成探究、分析问题的良好习惯．

问题3：(1) 已知$\cos 45°=\dfrac{\sqrt{2}}{2}$，求$\sin 45°$的值．

(2) 判断下列各式是否成立．

① $\sin^2\alpha+\cos^2\beta=1$；

② $\sin^2(\theta+30°)+\cos^2(\theta+30°)=1$；

③ $\tan\alpha=\dfrac{\sin\alpha}{\cos\alpha}$；

④$\tan(\alpha+\beta)=\dfrac{\sin(\alpha+\beta)}{\cos(\alpha+\beta)}$.

师生活动：

(1) 教师展示上述问题，学生分组讨论；

(2) 小组展示成果，其他小组评价补充；

(3) 教师引导学生一起总结升华.

设计意图： 通过层层设问，构造认知冲突，学生通过操作感知和小组讨论，辨伪纠错. 同角三角函数的基本关系公式中的"同角"，只需要角度相同即可，至于角的形式无关紧要，比如 $\sin^2 4\alpha+\cos^2 4\alpha=1$ 等，同时还要注意商数关系式和三角恒等式都是对于使它们有意义的角而言的. 由特殊到一般，由具体到抽象，通过问题 3，剖析公式的条件，进一步明确同角的意义，体会公式字母的可变性和关系的稳定性，帮助学生从形式上弄清了"同角"的含义，从本质上理清同角三角函数的基本关系.

问题 4：(1) 已知 $\sin\alpha=-\dfrac{3}{5}$，求 $\cos\alpha$、$\tan\alpha$ 的值；

(2) 已知 $\cos\alpha=-\dfrac{4}{5}$，且 α 是第三象限角，求 $\sin\alpha$、$\tan\alpha$ 的值；

(3) 已知 $\sin\alpha=2\cos\alpha$，求 $\sin\alpha$、$\cos\alpha$、$\tan\alpha$ 的值；

(4) 已知 $\tan\alpha=-\sqrt{3}$，求 $\sin\alpha$、$\cos\alpha$ 的值.

师生活动： 小组合作求解，并请不同小组成员阐述求解过程、求解思路，师生一起总结方法，并比较不同方法的特点.

设计意图： 通过由特殊到一般再由一般到特殊的课本例题和习题的变式训练，加深对公式的理解和巩固. 问题 4 的各小题设置有梯度，循序渐进，适合学生的认知水平差异，夯实数学基础知识和基本技能.

问题 5：已知 $\tan\theta=2$，求下列式子的值：

(1) $\dfrac{\sin\theta+\cos\theta}{\sin\theta-\cos\theta}$；

(2) $\dfrac{2\sin^2\theta+\sin\theta\cos\theta+\cos^2\theta}{4\sin^2\theta-3\cos^2\theta}$；

(3) $\sin^2\theta-3\sin\theta\cdot\cos\theta+1$.

师生活动：师生一起分析题意，小组合作求解，并请不同小组成员阐述求解过程、求解思路，师生一起总结方法，并比较不同方法的特点.

设计意图：在教学中应该尽可能地为学生创造活动的机会．在课堂上创设条件让学生主动参与，提出问题一要引导学生观察、分析，给学生时间去思考，去交流，去展示．这里问题 5 的（2）和（3）略有难度，让学生主动思考，积极交流，大胆展示，踊跃点评，这样不仅可以发展学生的思维能力，同时还能发挥学生的主观能动性，培养学生的数学核心素养.

▶ 课堂小结

问题 6：（1）本节课学习了同角三角函数的哪些基本关系？每个关系式成立的条件是什么？

（2）本节课的学习主要解决了什么问题？根据一个三角函数值求另外两个三角函数值时如何进行分类讨论？

（3）本节课体现了哪些基本数学思想方法？你还有什么疑问吗？

师生活动：学生思考，小组讨论，推举代表发言、其他同学补充．教师引导学生对所学知识、数学思想进行小结，并对学生回答情况进行评价和补充.

设计意图：课堂小结以问题串的方式请学生根据本节课的内容有针对性地从知识和方法的角度进行归纳总结，反思知识、方法上的体验与收获，进一步强化了学生对基础知识和基本技能的记忆和掌握，起到加深巩固的作用. 同时积极关注学生的自主体验，不仅能让学生再次回归知识的生成过程，达成学生对知识的自我发现、自我生成、自我应用和自我完善，让学生获得成功的自我效能感，还可以让学生体会数形结合、分类讨论、方程及化归转化等数学思想方法在解决问题的过程中的应用，让学生核心素养的培养在平时的课堂中落地生根.

▶ 目标检测设计

1. 已知 α 为第二象限的角，且 $\tan \alpha = -\dfrac{3}{4}$，则 $\sin \alpha + \cos \alpha = $（　　）

A. $-\dfrac{7}{5}$　　　B. $-\dfrac{3}{4}$　　　C. $-\dfrac{1}{5}$　　　D. $\dfrac{1}{5}$

设计意图：本题学生可通过应用同角三角函数间的基本关系解决问题，但首先要注意角的范围，从而确定三角函数值．诊断学生是否掌握任意角的三角函数的定义及其在各象限的符号．

2. 已知 $\dfrac{4\sin\alpha+\cos\alpha}{3\sin\alpha+2\cos\alpha}=-2$，那么 $\tan\alpha=$ _____．

设计意图：本题考查同角三角函数间的基本关系，三角函数的弦化切及化简求值，落实熟练应用基本关系式进行三角函数的求值、化简与证明的教学目标，诊断学生是否掌握任意角的三角函数的定义及求值化简方法．

3. 已知 $\alpha\in\left(\dfrac{\pi}{4},\dfrac{3\pi}{4}\right)$，$\dfrac{\sqrt{1+2\sin\alpha\cos\alpha}+\sqrt{1-2\sin\alpha\cos\alpha}}{\cos\alpha}=4$，则 $\dfrac{\sin\alpha-\cos\alpha}{2\sin\alpha+\cos\alpha}=$ _____．

设计意图：通过同角三角函数间的基本关系，体会如何运用同角三角函数间的基本关系化简，明确化简的目标，体会由繁到简的最基本解题原则．培养学生灵活运用公式的能力和思辨的能力，提升逻辑推理与数学运算的能力．诊断学生是否掌握任意角的三角函数间的基本关系，以及三角函数的化简求值．

▶ 课后作业

1. 确定下列式子的符号：

（1）$\tan 125°\sin 273°$；

（2）$\dfrac{\tan 108°}{\cos 305°}$；

（3）$\sin\dfrac{5\pi}{4}\cos\dfrac{4\pi}{5}\tan\dfrac{11\pi}{6}$．

2. 已知 $\cos\alpha=-\dfrac{4}{5}$ 且 α 为第三象限角，求 $\sin\alpha$，$\tan\alpha$ 的值．

3. 已知角 α 的终边上有一点 P 的坐标是 $(3a,4a)$，其中 $a\neq 0$，求 $\sin\alpha$，$\cos\alpha$，$\tan\alpha$ 的值．

4. 已知 $\tan\varphi=-\sqrt{3}$，求 $\sin\varphi$，$\cos\varphi$ 的值．

5. 求证：

(1) $\dfrac{1-2\sin x \cos x}{\cos^2 x - \sin^2 x} = \dfrac{1-\tan x}{1+\tan x}$;

(2) $\tan^2 \alpha - \sin^2 \alpha = \tan^2 \alpha \sin^2 \alpha$.

设计意图：检测教学目标——理解三角函数的定义和掌握同角三角函数的基本关系是否达成，落实学生熟练应用基本关系式进行三角函数的求值、化简与证明的落地情况，了解学生对所学内容的掌握情况，引导学生建立学生转化与化归的数学思维，提升学生逻辑推理与数学运算素养的.

必修 第二册

教学设计1　6.3　平面向量基本定理及坐标表示

一、单元内容和内容解析

1. 内容

平面向量基本定理，平面向量的正交分解与坐标表示，平面向量的加法、减法、数乘和数量积运算的坐标表示.

2. 知识结构图

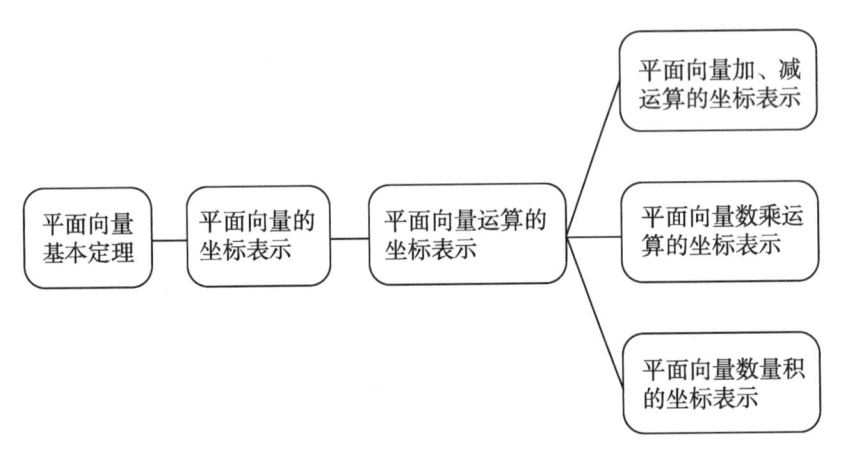

平面向量基本定理 → 平面向量的坐标表示 → 平面向量运算的坐标表示 → 平面向量加、减运算的坐标表示 / 平面向量数乘运算的坐标表示 / 平面向量数量积的坐标表示

3. 内容解析

平面向量基本定理表明任何一个平面向量 a 都可以唯一地表示成两个不共线向量 e_1，e_2 的线性组合，即 $a=\lambda_1 e_1+\lambda_2 e_2$. 特殊地，当 $e_1 \perp e_2$ 时，则

为正交分解,进而可以借助直角坐标系,用坐标表示向量 a.

先通过平面向量基本定理用向量表示几何问题. 再结合向量运算,最后将向量问题翻译成几何问题,这是"向量法"解决问题的一般步骤与方法. 其本质是对平面向量的一个基础性、结构性的认识:即给定一个点 A,以及两个不共线的向量 e_1,e_2,则 $\lambda_1 e_1 + \lambda_2 e_2$ 可以刻画平面上任意的点 P. 这是用"数"的运算处理"形"的问题,体现了数形结合的思想方法.

"平面向量基本定理"的概念和应用是研究向量的正交分解和向量的坐标运算基础,向量的几何表示与运算是向量的坐标表示与运算的平行概念;而向量的概念、表示与运算则是平面向量基本定理的上位概念. 本单元以向量的线性运算为基础,学习平面向量基本定理,进而学习向量的坐标表示与运算,让学生感悟平面向量是体现"形"与"数"融合的重要载体,感受向量方法的力量.

基于以上分析可以确定本单元的教学重点:平面向量的基本定理;平面向量运算的坐标表示.

本单元安排 4 个课时教学.

第 1 课时　平面向量基本定理;

第 2 课时　正交分解与坐标表示及平面向量加、减运算的坐标表示;

第 3 课时　平面向量数乘运算的坐标表示;

第 4 课时　平面向量数量积的坐标表示.

二、单元目标和目标解析

1. 目标

(1) 理解平面向量基本定理及其几何意义.

(2) 掌握平面向量的正交分解及坐标表示.

(3) 掌握平面向量的加、减运算与数乘运算的坐标表示.

(4) 掌握平面向量的数量积的坐标表示.

2. 目标解析

达成上述目标的标志是:

(1) 学生能类比力的合成与分解，将任意一个平面向量唯一地表示成两个不平行向量的线性组合，进而理解平面向量的基本定理及其意义.

(2) 借助平面直角坐标系，学生能理解平面向量的正交分解及坐标表示.

(3) 学生知道用坐标表示的平面向量的加、减运算与数乘运算的运算法则，并能熟练进行运算.

(4) 学生知道坐标表示平面向量的数量积的运算法则，并能熟练进行运算.

(5) 学生能用坐标表示两个平面向量的夹角；能用坐标表示平面向量共线、垂直的条件.

三、单元教学问题诊断分析

虽然之前学生已经学习了平面向量的概念、平面向量的线性运算、数量积，但学生对向量之间关系的认识还只是停留在"一维"层面，包括"相等向量""相反向量""共线向量"等，而平面向量基本定理揭示的是"二维"层面的平面向量之间的关系，要实现这种认识层级的跃迁，对学生有一定难度. 另外，如果说由力的分解的物理模型想到向量的分解是第一次抽象，那么，由向量的分解想到任意一个向量都可以用一对不共线的向量，经过线性运算加以表示是第二次抽象，也是认识上的一种飞跃，这些都会给学生造成认知上的困难. 再有，平面向量基本定理中的"不共线""任一""有且只有"等数学专用语对一些学生会构成理解障碍. 因此，本单元的教学难点是平面向量基本定理唯一性的证明. 其发现过程的教学对学生数学抽象、逻辑推理等数学学科核心素养的培养至关重要.

为克服以上教学难点，教学中不要简单地告诉定理再加以证明，而应注意引导学生积极参与定理形成的探索过程. 通过多举实例，如从力的分解等学生熟悉的背景，带领学生去归纳、发现定理；利用信息技术工具等具体形象的教学手段进行直观阐释、辨析，帮助学生理解定理；引导学生从事观察、思考、归纳、类比、交流等数学活动，经历从具体到抽象，从特殊到一般的思维过程，并从中反思定理获得过程中数学思考的方式与方法.

四、单元教学支持条件分析

在平面向量基本定理发现过程的教学中，教师可以利用信息技术工具展示几组力的分解的例子，在此基础上，再固定基底，改变要表示的向量，观察向量表示的变化及表示的唯一性，帮助学生理解定理.

五、课时教学设计

第 1 课时　平面向量基本定理

▷ 课时教学内容

平面向量基本定理.

▷ 课时教学目标

1. 理解平面向量基本定理及其意义；
2. 会运用平面向量基本定理解决简单平面几何问题.

▷ 教学重点与难点

重点：平面向量基本定理，定理的发现和证明过程.

难点：平面向量基本定理的发现及定理的证明.

▷ 教学过程设计

环节一：创设情境，明确问题

引言：向量数乘运算刻画了共线向量间的关系，也反映了数与形的结合. 共线向量定理给我们研究向量共线带来了极大的方便. 那么，共线向量定理能不能推广到平面上呢？也就是说，平面内任一向量是否可以由同一平面内的两个不共线向量表示呢？

在物理中，我们知道，已知两个力可以求出它们的合力；反过来，一个力可以分解为两个力，这种分解通常不是唯一的. 事实上，这种力的分解，就反映具体的平面向量间的关系. 本节课，我们就从力的分解的例子出发，研究和刻画平面向量之间的关系.

问题 1：如图 1，我们可以通过作平行四边形，将力 F 分解为多组大小、方向不同的分力. 受力的分解的启发，我们能否通过作平行四边形，将向量 a

分解为两个向量,使向量 a 是这两个向量的和呢?

师生活动:学生回忆,观察,教师启发学生以力的分解为背景引出向量的分解.

设计意图:从学生熟悉的物理背景引入向量的分解,激发学生学习的主动性.

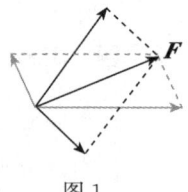

环节二:动手操作,探究新知

问题2:如图2,设 e_1,e_2 是同一平面内两个不共线的向量,a 是这一平面内与 e_1,e_2 都不共线的向量.在平面内任取一点 O,作 $\overrightarrow{OA}=e_1$,$\overrightarrow{OB}=e_2$,$\overrightarrow{OC}=a$.

(1) 将 a 按 e_1,e_2 的方向分解,你有什么发现?

(2) 如果向量 a 是这一平面内与 e_1,e_2 中的某一个向量共线的非零向量,你能用 e_1,e_2 表示 a 吗?a 是零向量呢?

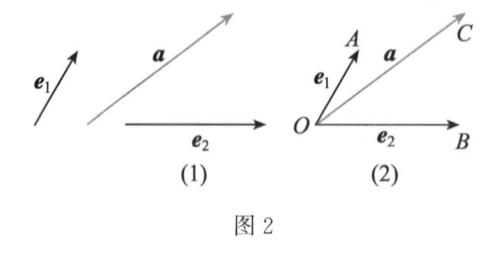

图2

师生活动:学生观察、思考、操作、尝试、探究,教师巡视、指导,请学生代表展示交流:

(1) 因为 e_1,e_2 不共线,若 a 与 e_1,e_2 都不共线,过点 C 分别作与 OA,OB 平行的直线,结合向量的加法与数乘运算可知,存在实数 λ_1,λ_2,使 $a=\lambda_1 e_1+\lambda_2 e_2$.

(2) 若 a 与 e_1 共线,存在 λ_1,λ_2,且 $\lambda_2=0$,使 $a=\lambda_1 e_1+\lambda_2 e_2$;若 a 与 e_2 共线,存在 λ_1,λ_2,且 $\lambda_1=0$,使 $a=\lambda_1 e_1+\lambda_2 e_2$;特别地,若 $a=\mathbf{0}$,存在 $\lambda_1=\lambda_2=0$,使 $\mathbf{0}=\lambda_1 e_1+\lambda_2 e_2$.

综上所述,当 e_1,e_2 不共线时,平面内任一向量 a 都能用向量 $\lambda_1 e_1+\lambda_2 e_2$ 表示.

教学时,教师可以借助信息技术工具演示上述讨论的过程,让学生有直观的认识. 另外, 引导学生讨论: 如果 e_1, e_2 共线时, 若 a 与 e_1, e_2 也共线, 则可以用 e_1, e_2 表示 a (符合共线向量定理); 若 a 与 e_1, e_2 不共线, 则不能用 e_1, e_2 表示 a, 教师要关注学生思维的缜密性, 在学生充分交流的基础上, 完善学生的思维, 明确给定两个不共线的向量 e_1, e_2, 平面内的任一向量 a 都可以用形如 $\lambda_1 e_1 + \lambda_2 e_2$ 的向量来表示.

设计意图: 让学生思考、操作、交流, 探究平面上向量的关系.

追问1: 给定两个不共线的向量 e_1, e_2, 平面内的任一向量 a 都可以用形如 $\lambda_1 e_1 + \lambda_2 e_2$ 的向量来表示, 这种表示形式是唯一的吗?

师生活动: 学生思考、交流. 如果学生有困难, 教师可引导: 假设这种表示形式不唯一, 即 a 还可以表示成 $\mu_1 e_1 + \mu_2 e_2$ 的形式, 那么 $\lambda_1 e_1 + \lambda_2 e_2 = \mu_1 e_1 + \mu_2 e_2$. 由向量 e_1, e_2 不共线, 设法证明 $\lambda_1 = \mu_1$, $\lambda_2 = \mu_2$. 在教师引导下, 让学生尝试证明. 最后师生归纳总结得出平面向量基本定理.

追问2: 由物理中力的分解引出向量的分解, 类比共线向量基本定理, 得到了平面向量基本定理. 请你思考一下, 为什么把这个定理冠以 "基本" 二字? 谈谈你的体会.

师生活动: 学生独立思考, 相互交流, 教师引导: 一般地, 越是基本的东西, 统领性越强, 运用越广泛. 大家可以先从定理中 "任意性" 和 "唯一性" 等角度思考定理的 "基本" 性特点. 最后师生共同认识平面向量基本定理的本质——在平面内, 一旦基底确定, 则每个向量的分解都是唯一的. 让学生先从表面理解定理的本质就是向量的分解; 教师也可引导学生再换个角度来看, 让学生知晓一个确定的基底能构造出平面内的所有向量以至于整个平面. 这样, 所有的向量都可以通过同一个基底联系在一起, 使得问题的研究更加简便, 而前面所学向量的线性运算均蕴含其中, 所以平面向量基本定理是向量走向代数化的基本出发点, 这也是称其为基本定理的原因所在.

设计意图: 通过设置几个逐步递进的问题串, 使研究的问题越来越明确, 让学生经历发现平面向量基本定理、证明定理的全过程, 并使学生从中感悟联想、类比、抽象、概括等重要的数学学习方式, 体会数学抽象、逻辑推理对数学知识产生发展的重要作用. 揭示平面向量基本定理的本质及 "基本"

二字的含义.

环节三：巩固新知

例1 如图 3，$\vec{OA}$，$\vec{OB}$ 不共线，且 $\vec{AP}=t\vec{AB}$ ($t\in \mathbf{R}$)，用 $\vec{OA}$，$\vec{OB}$ 表示 $\vec{OP}$.

师生活动：学生尝试独立完成，教师进行个别指导，学生都完成后进行反馈交流，教师给出规范的解答，指导学生将 $\{\vec{OA},\vec{OB}\}$ 看成基底，根据向量的有关运算将相关向量用基底表示，这是解决本题的关键环节.

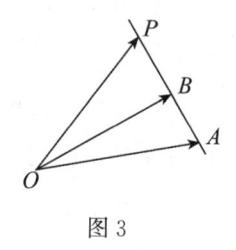

图 3

追问：观察 $\vec{OP}=(1-t)\vec{OA}+t\vec{OB}$，你有什么发现？

师生活动：教师引导学生结合图形直观，结合结论的代数特征，得到进一步的结论；实际上，这也是证明三点共线的一种方法，即如果 $\vec{OP}=m\vec{OA}+n\vec{OB}$，则 P，A，B 三点共线的充要条件为 $m+n=1$.（不对全体学生要求会证明）

设计意图：本题是《普通高中教科书 数学 必修 第二册》6.3 节的例 1. 教师通过例题教学，帮助学生巩固平面向量基本定理.

例2 如图 4，CD 是 $\triangle ABC$ 的中线，$CD=\dfrac{1}{2}AB$，用向量方法证明 $\triangle ABC$ 是直角三角形.

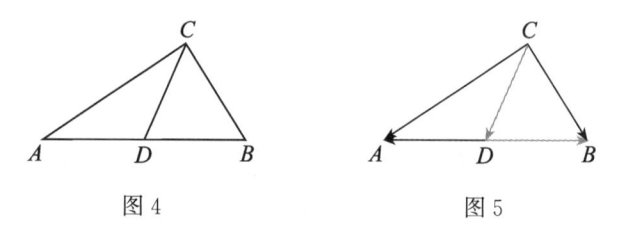

图 4

图 5

师生活动：学生独立思考，探寻解决问题的思路，对有困难的学生，教师可以将问题进行分解：(1) 要证明 $\triangle ABC$ 是直角三角形，从图中观察，易发现应证明 $AC \perp BC$；(2) 用向量表征，即证 $\vec{CA}\cdot\vec{CB}=0$；(3) 依据平面向量基本定理可知，任一向量都可以由同一个基底表示，由于 $CD=\dfrac{1}{2}AB$，因而本题中可取 $\{\vec{CD},\vec{DA}\}$ 为基底，用它表示 $\vec{CA}$，$\vec{CB}$（如图 5 所示），再证

明 $\overrightarrow{CA} \cdot \overrightarrow{CB}=0$，从而证得 △ABC 是直角三角形.

学生写出证明过程，师生共同完善、规范书写.

设计意图：通过本例题，引导学生借助向量表征相关的几何元素，从而转化成向量运算解决问题，初步让学生体会用向量方法解决几何问题的基本思路.

▶ 课堂练习

教科书第 27 页练习第 1，2，3 题.

▶ 回顾总结

教师引导学生回顾本节课的学习内容，并回答下列问题：

（1）回顾并叙述得出平面向量基本定理的研究思路和大致过程，并说说研究方法．反思在这个过程中自己的贡献和收获是什么，还有哪些困惑.

（2）叙述并证明平面向量基本定理.

（3）说说平面向量基本定理与共线向量基本定理有怎样的关系.

（4）说说平面向量基本定理的作用.

师生活动：给学生充分的回顾并思考、整理、归纳、总结的时间．由学生代表交流表达自己的想法，展示自己的答案．教师要仔细倾听学生的想法，关注学生对平面向量基本定理的研究过程的表述，关注学生的表达是否有条理，并适当概括和优化学生的回答，达到突出重点的目的.

设计意图：以提纲的形式帮助学生梳理本节课最重要的基本知识——平面向量基本定理，感悟数形结合、数学抽象、逻辑推理等基本数学思想在研究问题中的作用，积累数学思考的经验，提高发现、提出、分析和解决数学问题的能力，同时也帮助学生养成反思总结的良好学习习惯.

▶ 课后作业

1. 在平行四边形 ABCD 中 $CP=3PD$，用向量 $\overrightarrow{AB}$，$\overrightarrow{AD}$ 分别表示向量 $\overrightarrow{AP}$，$\overrightarrow{BP}$.

设计意图：考查学生运用平面向量的线性运算解决问题的能力.

2. 已知△ABC，点 D，E 分别是边 AB，BC 的中点，连接 DE 并延长到点 F，使得 $DE=3EF$，用 $\overrightarrow{BA}$，$\overrightarrow{BC}$ 表示 $\overrightarrow{AF}$.

设计意图：考查学生运用平面向量线性运算及平面向量基本定理解决问题的能力．

3. 已知正方形 $ABCD$ 的边长为 1，E，F 分别为 BC，CD 的中点．

(1) 求 $\overrightarrow{AF} \cdot \overrightarrow{BD}$；

(2) 探索 AE 与 BF 有怎样的位置关系，并用向量法证明你的结论．

设计意图：考查学生综合运用平面向量运算和平面向量基本定理解决问题的能力．

教学设计 2　7.1　复数的概念

一、单元内容和内容解析

1. 内容

数系的扩充与复数的概念、复数的几何意义．

2. 知识结构图

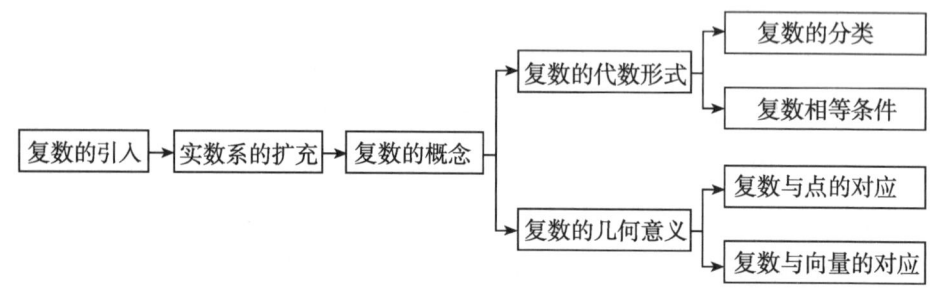

3. 内容解析

复数的引入是数学内部发展的需要，随着复数的引入，数系再一次扩充，这也是中学阶段数系的最后一次扩充．通过复数的学习，可以让学生对于数的概念有一个更加完整的认识，复数与平面向量、平面解析几何、三角函数等都有密切的联系，也是进一步学习数学的基础．复数在力学、电学及其他学科中都有广泛的应用．

在数学中,数集的扩充必须遵循的规则:①在原数集的基础上并入复数,形成新数集,即原数集是新数集的一个真子集;②引入复数,解决了在原数集中不能运算的问题;③原有的运算保持一致. 从实数系向复数系扩充,同样要符合上述规则. 从当下问题出发,体会引入复数的必要性,通过回顾"自然数→整数→有理数→实数"的扩充过程,得到数系扩充中体现出的"规则",进而在"规则"的引导下,考虑为使方程 $x^2=-1$ 有解,引入虚数 i,从而可以像实数一样进行加法、乘法运算并保持运算律,将实数集扩充到复数集. 这一过程,通过数系扩充"规则"的归纳,提升学生的数学抽象素养;通过实数系向复数系的扩充,让学生体会类比的数学思想,提升学生的逻辑推理素养,并感受人类理性思维在数系扩充中的作用.

复数的概念是整个复数内容的基础. 复数的有关概念都是围绕复数的代数表示形式展开的,虚数单位、实部、虚部的命名,复数相等的含义,以及对虚数、纯虚数等概念的理解,都是在促进对复数实质的理解,即复数 $a+bi$ 实质上是有序实数对 (a,b),利用复平面表示复数,可以直接得到复数的两种几何意义:复数 $a+bi$ 与复平面内的点 $Z(a,b)$ 一一对应,与复平面内以原点为起点的向量 $\overrightarrow{OZ}$ 也是一一对应. 通过对复数实质的揭示,为后续复数的几何意义、复数的四则运算以及复数的三角表示的学习作准备. 因此,复数的概念,对本章具有奠基性的作用.

根据上述分析,确定本单元的教学重点:复数的引入、数系扩充的过程与方法、复数的概念.

本单元安排 2 个课时教学.

第 1 课时　复数的代数形式;

第 2 课时　复数的几何形式.

二、单元目标和目标解析

1. 目标

(1) 了解引入复数的必要性,认识复数.

(2) 了解归纳数系扩充的一般规则,了解从实数系扩充到复数系的过程,感受数系扩充过程中人类理性思维的作用，提升数学抽象、逻辑推理素养.

(3) 理解复数的代数表示及其几何意义，理解两个复数相等的条件.

2. 目标解析

达成上述目标的标志：

(1) 能够通过方程的解，感受引入复数的必要性，并能从中抽象出研究对象，用数学语言表示复数. 体会实际需求与数学内部的矛盾在数系扩充过程中的作用.

(2) 能说明虚数 i 的由来，能用符号表示复数，会对复数进行分类，会用 Venn 图表示复数集、实数集、虚数集、纯虚数集之间的关系；知道两个复数相等的含义，能利用复数概念和复数相等的含义解决相关的简单问题.

(3) 理解复数与平面上的点及复数与复平面内以原点为起点的向量一一对应关系. 理解两个复数相等的条件，知道不全是实数的两个复数只有相等或不相等关系，没有大小关系，不能比较大小.

(4) 会求复数的模，能在复平面内画出复数的模刻画的一些常见几何图形——圆、圆形区域和环状区域等.

三、单元教学问题诊断分析

学生在义务教育阶段已经经历了从自然数到实数的扩充过程，知道数系扩充后，新的数系能够解决在原有数系中无法解决的一些方程问题. 但是由于知识储备和认知能力的限制，学生对数系扩充的一般规则并不熟悉，对虚数单位的引入，以及虚数单位和实数进行形式化运算的理解会出现一定困难，复数的学习属于"易学难懂". 在历史上，虚数曾被认为是"虚无缥缈的怪物"，可见其是不易接受与理解的，同样地，学生对虚数理解也会存在困难. 教学中，可适当介绍数的发展简史，增强学生学习的趣味性和生动性，同时引导学生按照"规则"自主探究出复数集中可能存在的各种数，并归纳总结出复数的代数形式，经历复数形式化的过程.

学生在学习时可能出现的障碍：

(1) 因为现实生活中没有任何事物支持虚数，学生可能会怀疑引入复数的必要性，学生不易接受.

（2）由于知识储备和认知能力的限制，学生对数系扩充的一般规则并不熟悉，对虚数单位的引入，以及虚数单位和实数进行形式化运算的理解会出现一定困难.

（3）学生以前学习过的数都是单纯的一个数，而复数的代数形式是两项和的形式，学生比较陌生，因此理解上会存在一定困难.

本节课的教学难点是：复数产生所涉及的数学思想和数学方法.

突破难点的策略：

（1）适当介绍数的发展简史，增强学生学习的生动性.

（2）通过解方程问题引导，借助已有的数系扩充的经验，特别是从有理数系扩充到实数系的经验，从特殊到一般，帮助学生梳理出数系扩充过程中体现的"规则"，进而在"规则"的引导下进行从实数系到复数系的扩充，感受引入复数的必要性和合理性.

（3）引导学生按照"规则"自主探究出复数集中可能存在的各种数，并归纳总结出复数的一般表示方法，经历复数形式化的过程.

四、单元教学支持条件分析

利用多媒体播放小视频，介绍卡当问题，介绍数系的扩充历程，利用信息技术展示复数 $z=a+bi$ 与复平面内的点 $Z(a，b)$ 及以原点 O 为起点、点 $Z(a，b)$ 为终点的向量 $\overrightarrow{OZ}$ 的对应关系. 既可以先输入复数的实部和虚部，然后同步生成复数的对应点和对应向量，也可以在复平面内绘制出任意点，同步显示复数的代数形式、点的坐标及向量 $\overrightarrow{OZ}$ 等等，帮助学生突破难点.

五、课时教学过程设计

第 1 课时　复数的代数形式

▷课时教学内容

数系的扩充和复数的概念.

▷课时教学目标

通过卡当问题的解决，能理解引入复数的必要性，并能从中抽象出研究对象，用数学语言表示复数．体会实际需求与数学内部的矛盾在数系扩充过程中的作用．

▶ 教学重点与难点

重点：复数的引入、数系扩充的过程与方法，复数的概念．

难点：复数产生所涉及的数学思想和数学方法．

▶ 教学过程设计

引导语：我们知道，对于实系数一元二次方程 $ax^2+bx+c=0$，当 $\Delta=b^2-4ac<0$ 时没有实数根．但历史上有数学家在研究实系数一元三次方程的求根公式时发现，如果能让该情况下方程变成有解，就可以得到一类一元三次方程的求根公式，这是怎么回事呢？让我们一起来看一段小视频，了解卡当问题．

（卡当问题：怎样的两个数彼此相加之和为10，彼此相乘之积为40？）

问题1：视频中，卡当提出：如果不因为平方是负数而感到苦恼的话，这两个"数"（指 $x_1=5+\sqrt{-15}$，$x_2=5-\sqrt{-15}$）确实满足问题的所有条件，请你验证下是否满足．

师生活动：教师引导先将 $\sqrt{-15}$ 看成是一正确的数，学生验证 $x_1+x_2=5\times2=10$，由平方差公式得 $x_1x_2=5^2-(\sqrt{-15})^2=25-(-15)=40$．

追问1：卡当问题中的解不能用实数表示，也就是说，实数集不够用了，怎么办？

追问2：我们之前是否遇到过类似的情况，即数集不够用的情形，当时如何解决这个问题？

追问3：能否归纳下几次数集扩充中的共同之处？

师生活动：在教师的引导下，学生回顾数系扩充的过程：从社会实践来看，数系的扩充是为了满足生活和生产实践的需要．计数的需要产生了自然数，有了自然数系；自然数系中不能刻画具有相反意义的量，于是引入了负整数，将自然数系扩充到了整数系；整数系中不能解决测量中的一些等分等问题，于是引入了分数，将整数系扩充到了有理数系；有理数系中无法解决正方形对角线长的度量等问题,于是引入了无理数,这样便将有理数系扩充到了实数系.

教师用框图逐步将其板书于黑板:

$$
\text{自然数集 } \mathbf{N} \xrightarrow[\text{负整数}]{\text{引入}} \text{整数集 } \mathbf{Z} \xrightarrow[\text{分数}]{\text{引入}} \text{有理数集 } \mathbf{Q} \xrightarrow[\text{无理数}]{\text{引入}} \text{实数集 } \mathbf{R}
$$

$$
+ \quad\quad + \quad\quad + \quad\quad +
$$

$$
\times \quad\quad \times \quad\quad \times \quad\quad \times
$$

设计意图:通过回顾数系的扩充过程,抓住知识的"生长点"和学生的"最近发展区",使学生了解数的产生以及数系的不断扩充是基于两方面原因:社会生产实践的需要和数学自身发展的需要.通过讨论明晰数集每次扩充都要遵循的规则:①在原数集的基础上并入新数,形成新数集,即原数集是新数集的一个真子集;②引入新数,解决了在原数集中不能运算的问题;③原有的运算保持一致.在此探究过程中,学生必然要经历观察、比较、分析、分类、综合、归纳、抽象、概括等等,用数学的思维思考世界.

问题2:上述讨论中,数系的扩充过程对卡当问题的解决有何借鉴作用?

师生活动:学生思考、讨论.

教师引导:需要引进新的数而使实数集得到扩充,从而使方程变成可解.

追问1:不难发现,卡当问题的解决的关键在于让方程 $x^2 = -15$ 变成有解.思考一下,能不能把这类问题再进一步简化?

追问2:如果把 -15 写成 $15 \times (-1)$,$\sqrt{15}$ 的问题解决了吗?现在需要解决什么问题?

追问3:要引入一个什么样的数呢?

追问4:引入新数 i 后,问题得以解决了吗?

师生活动:师生通过讨论先将问题"退化"为一个简单的问题,使方程 $x^2 = -1$ 有解,从而引入新数 i(给出名称:虚数单位),使得 $x = $ i 是方程 $x^2 = -1$ 的解,则 $\sqrt{-15} = \sqrt{15 \text{i}^2}$.

教师通过信息技术制作的课件介绍虚数的引入历史,并给出虚数的概念.

我们可以引入一个数"i",使 $i^2=-1$,这样 $x=i$ 就是方程 $x^2+1=0$ 的解. 因为历史上,新数 i 是瑞士著名数学家欧拉在 1777 年首次提出的,他用了 "imaginary"一词的首字母,本意是这个数是虚幻的. 所以,我们把这个数称为"虚数单位".

设计意图: 教师介绍与虚数单位 i 有关的历史,激发学生的学习兴趣,强化对 i 的认识.

问题 3: 把新引进的数 i 添加到实数集中后,我们希望按照前面总结的数系扩充的"规则",对实数系进行进一步扩充. 那么,实数系经过扩充后,得到的新数系由哪些数组成呢?你能否举些例子?

追问 1: 你能针对刚才同学们给出的数,写出一个统一形式吗?

师生活动: 教师引导,可以类比有理数系扩充到实数系的过程与方法,以及实数系新数的形式,如 $2\sqrt{2}$,$2+\sqrt{3}$ 等. 学生思考回答,可能会说出类似 3i,1+i,3−i,2+3i,$\frac{1}{i}$ 等具体的数.

教师引导学生归纳:新数集中的数是由原来的实数和新引入的虚数 i 经过适当"组合"而成的,构成的方法就是将实数和 i 进行运算,组成新数,这里主要进行的是 i 和实数之间的加法、乘法运算,因为按照我们前面总结的规则,新数集中规定的加法和乘法运算,与原来数集中规定的加法和乘法运算协调一致,并且运算律仍然成立. 这样我们就可以把实数 a 与新引入的数 i 相加,得到 $a+i$;把实数 b 与 i 相乘,得到 bi;把实数 a 与实数 b 和 i 相乘的结果相加,得到新数的统一表示形式 $a+bi$ $(a,b\in \mathbf{R})$.

追问 2: 实数能用该统一的形式表示出来吗?

追问 3: 你能写出新数集的集合吗?

师生活动: 学生口述,教师板书:实数 a 可表示为 $a+0i$,复数集 $\mathbf{C}=\{a+bi|a,b\in\mathbf{R}\}$.

设计意图: 引导学生类比自然数到实数不断扩充过程中所遵循的规则,根据"运算"和"运算律",由特殊到一般,抽象概括出复数的代数形式和复数集,让学生体会数系扩充过程中理性思维的作用,以及数学形式化、符号化的过程,突破本节课的难点,提升学生逻辑推理、抽象概括素养.

必修　第二册

问题 4：阅读教科书，回答以下问题：

(1) 复数 $a+bi(a，b\in \mathbf{R})$ 的虚数单位、实部、虚部分别是什么？

(2) 什么是虚数和纯虚数？试举出具体例子．

(3) 复数集 $\mathbf{C}$ 与实数集 $\mathbf{R}$ 之间有什么关系？

师生活动：教师提出问题，学生独立阅读教科书，阅读之后回答问题．

(1) 学生口答：a 是复数的实部，b 是复数的虚部．教师强调应注意限制条件 $a，b\in\mathbf{R}$，另外复数 $a+bi$ 的虚部是 b 而不是 bi．

(2) 学生口答，当 $b\neq 0$ 时，复数 $a+bi$ 是虚数；当 $a=0，b\neq 0$ 时，bi 是纯虚数．

(3) $\mathbf{R}\subseteq\mathbf{C}$，加法和乘法运算法则得到保留，加法和乘法都满足交换律、结合律．

设计意图：通过问题引导，指导学生阅读教科书，思考并回答问题，明确复数的基本概念，培养阅读教科书的习惯和阅读理解能力．

问题 5：我们知道复数集 $\mathbf{C}=\{a+bi|a，b\in\mathbf{R}\}$，为了保证集合中元素的互异性（确定性），我们需要明确集合中两个元素相等的含义，请阅读教科书，说说两个复数 $a+bi$ 与 $c+di(a，b，c，d\in\mathbf{R})$ 相等的充要条件．

追问 1：要确定一个复数，需要几个要素？这个特征与以前遇到过的什么数学对象类似？

追问 2：复数 $a+bi(a，b\in\mathbf{R})$ 为实数，为 0 的充要条件分别是什么？

追问 3：你能对复数 $a+bi(a，b\in\mathbf{R})$ 进行分类，并用 Venn 图表示吗？

设计意图：明确复数相等的定义，明晰复数的分类．

问题 6：写出下列复数的实部与虚部，并指出哪些是实数，哪些是虚数，哪些是纯虚数．

$$3+2i,\ \frac{1}{2}-\sqrt{3}i,\ i-1,\ 0,\ i,\ i(1-\sqrt{3}).$$

当实数 m 取什么值时，复数 $z=m+1+(m-1)i$ 是下列各数：

(1) 实数；(2) 虚数；(3) 纯虚数．

问题 7：已知 $(x+y)+(y-1)i=(2x+3y)+(2y+1)i$，求实数 $x，y$ 的值．

师生活动：教师用 PPT 展示例题．问题 5 由学生思考、口答，教师点评．问题 6 和 7，学生先思考，独立完成后用多媒体交流展示，教师再点评并规范解题步骤．

设计意图：问题 5 和 6 主要是帮助学生巩固复数的分类标准，加深对复数概念的理解；问题 7 主要是强化复数相等的含义，让学生在解决问题的过程中内化复数有关概念．

问题 8：通过本节课的学习，请你从知识、方法、数学思想、经验等方面谈一谈你的收获．

师生活动：学生思考回答，教师补充完善．

设计意图：本节课"易学难懂"，需要学生通过对数系扩充规则、扩充过程以及复数相关概念等知识和方法的总结，使学生对本节课的学习有一个全面、系统的认识，一方面深化对复数知识的理解，另一方面总结研究方法，积累研究数学问题的经验．

▶ 课后作业

1. "复数 z 的虚部为 0" 是 "z 为实数"的（   ）

A. 充分不必要条件

B. 必要不充分条件

C. 充要条件

D. 既不充分也不必要条件

设计意图：考查学生对复数概念的理解．

2. 若实数 x，y 满足条件：$x+y-3=(x-2)\mathrm{i}$，则 $x+y=$ _____．

设计意图：考查学生利用两个复数相等的含义解决简单问题的能力．

3. 当实数 m 为何值时，复数 $z=(m^2+m-6)+(m^2-2m)\mathrm{i}$ 是下列数：

(1) 实数；(2) 虚数；(3) 纯虚数．

设计意图：考查学生对复数概念的理解．

必修 第二册

教学设计 3　8.4　空间点、直线、平面之间的位置关系

一、单元内容和内容解析

1. 内容

（1）空间中点与点、直线与直线、直线与平面和平面与平面之间的位置关系.

（2）直线与平面平行的判定定理和性质定理，直线与平面垂直的判定定理和性质定理，平面与平面平行的判定定理和性质定理，平面与平面垂直的判定定理和性质定理.

2. 知识框图

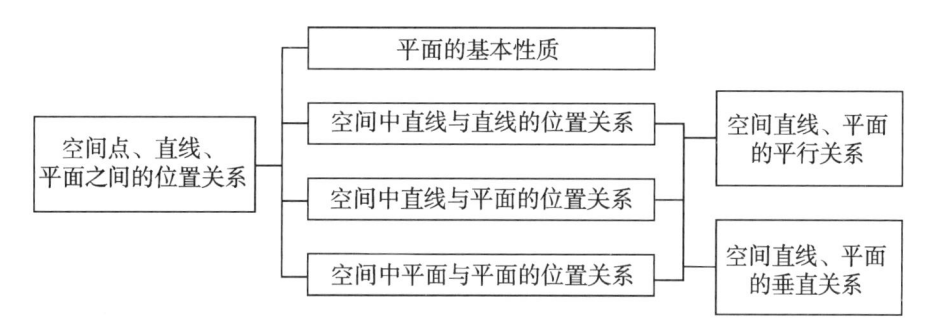

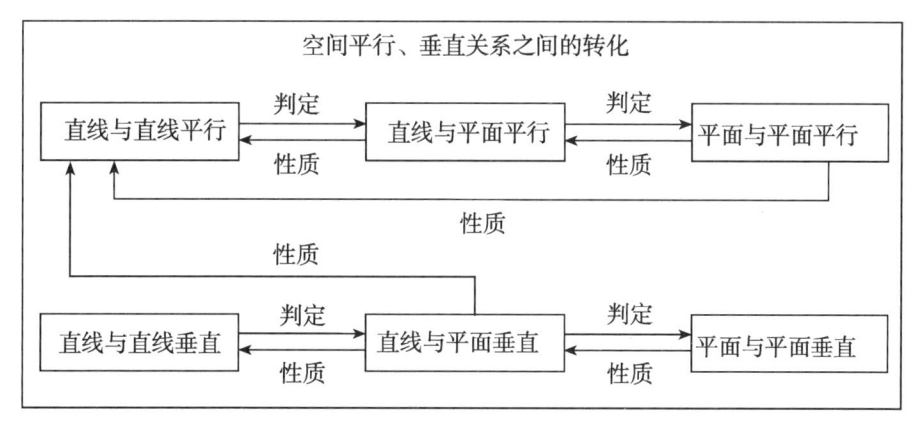

```
                    ┌── 平面的基本性质
                    │
空间点、直线、      ├── 空间中直线与直线的位置关系 ──┬── 空间直线、平面的平行关系
平面之间的位置关系  │                                  │
                    ├── 空间中直线与平面的位置关系 ──┤
                    │                                  │
                    └── 空间中平面与平面的位置关系 ──┴── 空间直线、平面的垂直关系
```

空间平行、垂直关系之间的转化

```
                     判定              判定
直线与直线平行  ←─────────→  直线与平面平行  ←─────────→  平面与平面平行
                     性质              性质
          ↑                                    │
          │                 性质               │
          └────────────────────────────────────┘
          ↑         性质
          │
                     判定              判定
直线与直线垂直  ←─────────→  直线与平面垂直  ←─────────→  平面与平面垂直
                     性质              性质
```

75

3. 内容解析

本单元内容是在学生已经学习了空间中的几何体、平面基础上，对点、直线、平面三者之间相关关系的研究，从应用的角度研究空间中几何元素之间的位置关系以及解决立体几何中的证明问题．立体几何定性研究的重点是直线、平面之间的位置关系．研究这些位置关系，需要学生对点、直线、平面这些组成立体图形的基本要素有所理解．在立体几何的研究中，立体图形问题经常转化为平面图形问题，这是解决立体图形问题的重要思想方法，而转化的基本依据就是关于平面的基本事实及其推论．

与点、直线一样，平面是不加定义的几何概念，三个基本事实刻画了平面的"平"和"无限延展"的特征．基本事实1首先是"三点确定一个平面"，是平面的存在性；基本事实2和3是从直线与平面，平面与平面的关系的角度对平面的进一步刻画；基本事实的三个推论则进一步给出了确定平面的方法．关于平面的基本事实和推论在后续研究直线与平面之间的平行、垂直关系时，会经常用到．

点是空间的基本元素，直线、平面都是点的集合．因此，在图形语言和文字语言的基础上，用集合的符号表示几何对象及其之间的关系是自然的，并且书写简洁．立体几何中的概念、定理，一般要用图形、文字、符号三种语言形式表示．

研究空间点、直线、平面的位置关系，主要是让学生直观感知、操作确认，结合模型和实例，抽象概括，归纳出这些位置关系，并学会用符号表示这些位置关系．实现这一过程中，以长方体为载体，它是一个很好的模型，而与之对应的就是学生熟悉的教室．这也是教科书在第二小节开始设置观察栏目的原因．教学时可以按照这个观察栏目，让学生在长方体中发现空间点、直线、平面的位置关系，并在教室中指出它们，教师在学生回答的基础上归纳和概括，进而用图形、文字、符号三种语言形式表示．

平行垂直关系是空间中图形位置的一种基本关系，本单元主要研究组成空间几何体的基本元素线、面之间的平行垂直关系，包括线线平行垂直、线面平行垂直、面面平行垂直．在空间中，基本图形位置关系的研究，主要是以某两种图形的位置关系为前提（定义）（充要条件），研究相应的判定定理（充分条件）和性质定理（必要条件）．因此要强调定义、判定、性质之间的关系，说明判定是在定义的基础上寻找充分条件，一般是在定义的基础上减少条件（或寻找等价条件）．线面平行、垂直的判定定理，反映线与面在具备什么条件下它们互相平行垂直的问题，即充分条件．线面平行垂直的性质定理，反映了在线与面平行垂直的条件下，能够推出一些什么结论，即必要条件．无论是判定还是性质，都是空间线面确定的位置关系．研究时都要从其本身的组成要素或相关要素（点、线、面）出发，研究它们之间的位置关系．

探究线面平行垂直的判定定理，基本思想是转化，即空间问题平面化．基本方法是直观感知、猜想结论、推理论证．因此判定定理教学设计三个环节：①引导学生经历现实背景并进行特征分析；②对共性特征分析的归纳、并猜想本质特征；③推理论证，说明猜想的正确性．

性质定理的探究并不只是探究过程，更在于探究过程中方法的建构，建构研究性质定理的一般思维方法．线面平行垂直的性质定理的探究教学，教给学生研究性质的基本步骤：从已有的位置关系出发，加入同类元素（线、面）组成新的图形，发现图形中的一些确定关系．从而让学生体会线面平行垂直的性质定理．

平行垂直关系的判定和性质是空间线面位置关系研究的开始，也为其他位置关系的研究奠定了知识与思想方法基础．平行关系与垂直关系研究的主线是类似的，都是以"定义—判定—性质"为主线．

蕴含的思想方法：（1）抽象概括的方法．①定理得出的抽象过程：实物模型—图形—文字—符号；②定理应用的抽象过程．

（2）化归与转化的数学思想，线面平行的判定和性质的研究，是线面、线线、面面平行的相互转化，体现了转化与化归的思想，即空间问题平面化，无限问题有限化．

（3）公理化思想和逻辑推理的方法．判定、性质定理的发现中渗透合情推理、归纳、类比；在应用定理证明问题时应用演绎推理，同时体现公理化思想．

基于以上分析，可以确定本单元的教学重点：

1. 了解空间中直线与直线、直线与平面、平面与平面的位置关系，空间直线、平面间的位置关系；

2. 直线与平面平行的判定定理与性质定理；

3. 两个平面平行的判定定理和性质定理；

4. 直线与平面垂直的定义和判定定理的探究及应用；

5. 掌握平面与平面垂直的性质定理和判定定理的探究及应用.

本单元安排 6 个课时教学.

第 1 课时　平面的基本性质；

第 2 课时　空间点、直线、平面之间的位置关系；

第 3 课时　空间直线与平面的平行；

第 4 课时　空间平面与平面的平行；

第 5 课时　空间直线与平面的垂直；

第 6 课时　空间平面与平面的垂直.

二、单元目标和目标解析

1. 单元目标

（1）初步理解平面的概念、三个基本事实和推论，会用图形、文字、符号三种语言形式表述三个基本事实和推论.

（2）在探究三个基本事实的情境中，感悟立体几何结论发现的过程，体验研究几何体的方法，提升直观想象和数学抽象素养.

（3）了解直线与直线、直线与平面、平面与平面的位置关系，会用图形语言和符号语言表示.

（4）理解并掌握直线与平面平行的判定定理以及性质定理.

（5）掌握由"线线平行"证得"线面平行"和"线面平行"证得"线线平行"的数学证明思想. 进一步培养学生的观察能力、空间想象力和类比、转化能力，提高学生的逻辑推理能力.

（6）掌握平面与平面垂直的性质定理.

（7）学会运用平面与平面垂直的性质定理解决一些简单的问题.

（8）通过对平面与平面垂直性质定理的学习，培养学生数学抽象、逻辑推理、直观想象等数学素养.

2. 目标解析

达成上述目标的标志是：

（1）会用图形、文字、符号三种语言形式表述三个基本事实和推论的内容；能利用三个基本事实说明平面"平""无限延展"的基本特征；能够利用三个基本事实和推论作图、证明简单问题.

（2）在探究三个基本事实的过程中，体会通过研究基本元素之间的位置关系来刻画基本元素特征的方法；体会从研究问题出发，通过直观感知、实验操作获得结论，再对某些结论通过说理或推理确认结论的研究立体几何问题的一般思路.

（3）通过对长方体载体图形的观察、操作和实验，发现空间直线、平面间的位置关系，会用图形、文字和符号三种语言形式表述直线与直线、直线与平面、平面与平面的位置关系.

（4）能够在空间中运用平行的传递性证明两条直线平行，能把等角定理从平面推广到空间.

（5）能够通过观察实物模型抽象出几何的研究对象，能说出线面的平行关系，进而发现线面平行的本质特征是线线平行，归纳出线面平行的判定定理. 通过观察实物模型并对其进行抽象，能说出面面的平行关系，进而发现面面平行的本质特征是一个面内的两条相交直线与另一平面平行时两平面平行，归纳出面面平行的判定定理.

（6）能在教师的引领下，明确探究性质定理的思路，自己探究线面平行、面面平行的性质，归纳出线面平行和面面平行的性质定理，并能用三种语言表述. 能够用平面的基本性质、平行的传递性、线面平行的定义等已知结论证明性质定理，熟悉演绎推理的基本过程.

（7）能够在简单问题中识别应用判定定理的条件，用判定定理判定空间中的平行关系. 能够在简单问题中识别应用性质定理的条件，用性质定理判定空间中的平行关系．应用判定定理和性质定理的条件，借助几何图形，综合运用判定定理和性质定理解决空间中的平行关系．能够在定理应用的过程中体会空间与平面的相互转化，感悟空间几何的公理化思想．

三、单元教学问题诊断分析

本单元教学中，一般学生存在以下问题：

（1）由于没有空间问题平面化的经验，所以研究直线与平面平行的判定定理时，学生没有将直线与平面平行的问题转化为直线与直线平行的问题解决经验，理解从直线与平面平行的定义转化为直线与平面内的直线平行是探究判定定理的关键．

（2）学生缺乏复杂问题简单化，无限问题有限化的意识．学生对公理认识不够，没有认识到公理是立体几何研究的重要依据．

（3）已有的经验无法迁移，在线面、面面平行的性质定理的探究中，某些学生想不到要引入平面．在应用线面平行的判定定理证明线面平行时，（中等偏下）某些学生一开始找不到面内的线，缺乏综合应用相关内容推理论证的能力（大多数）．（中等偏下）某些学生书写证明过程时，不能把推理过程用准确的符号语言来表述．

教学中，可适当安排学生提前做学习准备：

（1）知识准备（基础知识、基本生活经验）．学生已经有了线线平行，线面的位置关系的知识，同时有一定的生活经验，能够从实际生活中直观感受到线面、面面平行，也能举出一些线面、面面平行的例子，学生也有一定归纳概括和推理的能力．

（2）思维准备（研究方法）．学生在初中系统学习过平行四边形的定义、判定和性质．在学习过程中学生已初步体会先直观感知位置关系，再进行演绎推理的证明过程；学习过三段论的证明结构．

本单元的教学难点是：

（1）对基本事实的理解和集合符号语言表示，对推论的说理证明．

（2）会用图形、文字、符号三种语言形式表示出空间直线、平面间的位置关系．理解异面直线间的关系．

（3）直线与平面、平面与平面平行的性质定理的发现；直线与平面、平面与平面平行性质定理的证明．

四、单元教学支持条件分析

利用动态几何软件作空间图形，呈现几何图形中的几何元素及其关系，帮助学生形成对相应的直线、平面关系的直观认识；利用信息技术展示向量投影的过程，帮助学生构造相关的几何量；借助投影平台展示学生成果等．

五、课时教学设计

第 1 课时　平面的基本性质

▶ 课时教学内容

空间中点与点、直线与直线、直线与平面和平面与平面之间的位置关系．

▶ 课时教学目标

1．初步理解平面的概念、三个基本事实和推论，会用图形、文字、符号三种语言形式表述三个基本事实和推论；

2．理解并掌握直线与直线、直线与平面、平面与平面位置关系的定义，会画这些位置关系的空间图形，并会用符号语言表示．

▶ 教学重点与难点

重点：了解空间中直线与直线、直线与平面、平面与平面的位置关系；

难点：会用图形语言、符号语言表示直线与直线、直线与平面、平面与平面之间的位置关系．

▶ 教学过程

引导语：前面我们学习了基本几何体，学习了它们的结构特征、平面表示、面积和体积的计算．在学习棱柱、棱锥、棱台等多面体的过程中，我们知道了顶点、棱、平面多边形等是构成这些多面体的基本元素，这些元素之间的相互关系，反映了这些多面体的结构特征．实际上，立体图形都是由点、直线、平面等基本元素组成的，要研究立体图形的结构特征，就要研究这些基本元素之间的位置关系,今天,我们先从认识点、直线、平面这些基本元素开始.

问题1:对于点和直线,我们在平面几何中已经有所了解.那么,什么是点?什么是直线?进一步地,你知道什么是平面吗?

师生活动:

(1)师生对话.引导学生了解平面和点、直线一样是不加定义的最基本的几何概念.

(2)引导学生利用生活实际,从黑板面、桌面、水面、多面体的面等,归纳出平面的一些特征:平面是"平"的,平面是"无限延展"的.

(3)教师点评.

追问:点有什么特征?直线呢?类似地,平面有什么特征?

师生活动:

(1)教师给出问题,提示学生思考三者的特征.

(2)学生阅读教科书并结合教师提示独立思考后回答问题,教师点评.

(3)教师总结,类比直线的"直"和向两端"无限延伸"的特征,直观感知平面的两个本质特征:平面是"平"的,是"无限延展"的.

设计意图:类比点和直线的概念,引出平面的概念.

问题2:我们学习了一个数学概念,接下来就是学习它的表示,想一想,我们是怎么用图形和符号表示点和直线的?类似地,如何用图形和符号表示平面?

师生活动:

(1)师生对话.引导学生类比点和直线的图形和符号表示,提出平面的图形和符号表示的问题.类比用直线的局部,即线段表示直线,选取平面的一部分中最具代表性的矩形,用其直观图表示平面.

(2)教师在黑板上画出横放和竖放两种情形的平面直观图,要求学生在笔记本上画出.

设计意图:教师通过类比点和直线的图形和符号表示,给出平面的图形和符号表示,使学生感悟数学研究方法的特点和一般性,平面的图形表示的实质也是其直观图的表示，进一步发展学生直观想象素养.

问题3：接下来，我们研究平面的基本性质. 要研究平面，首先要确定平面. 我们知道，两点可以确定一条直线，那么几点可以确定一个平面？

师生活动：

(1) 教师结合人教版《普通高中教科书 数学 必修 第二册》图8.4-2，引导学生观察：自行车用一个脚架和两个车轮着地就可以"站稳"；三脚架的三脚着地就可以支撑照相机；将教室的门的两个铰链看成两个点，门插销看成一个点，当插销插上时，门不再动了. 由这些事实和类似经验，可以得到基本事实1：过不在一条直线上的三个点，有且只有一个平面.

(2) 师生讨论其中"有且只有"的含义，达成共识："有"是指过不在一条直线上的三个点存在一个平面；"只有一个"是指过不在一条直线上的三个点存在唯一一个平面.

(3) 教师给出基本事实1的图形表示，并指出不在一条直线上的三个点 A，B，C 所确定的平面，可以记成平面 ABC. 进而给出用集合语言表示点和直线、平面位置关系的符号表示：直线和平面都可以看成是点的集合，点 A 在直线 l 上，记作 $A \in l$；点 B 在直线 l 外，记作 $B \notin l$；点 A 在平面 α 内，记作 $A \in \alpha$；点 P 在平面 α 外，记作 $P \notin \alpha$.

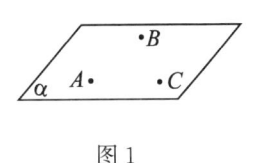

图1

设计意图： 教师类比确定直线的问题，提出确定平面的问题，得到"不共线的三点确定一个平面"的基本事实1，并给出其图形表示以及点和直线、平面之间位置关系的集合符号表示. 实际上，平面的三个基本事实表述的就是点、直线、平面这三个不加定义的概念之间的关系. 基本事实1是表示点和平面的位置关系，也是确定平面，要注意让学生体会到这一点.

问题4：基本事实1刻画了点与平面的位置关系，我们接下来研究直线与平面的位置关系. 想一想，如果直线 l 与平面 α 有一个公共点 P，直线 l 是否在平面 α 内？如果直线 l 与平面 α 有两个公共点呢？

师生活动：

(1) 教师引导学生观察：如果一根直尺仅有一个点在桌面上（直尺和桌

面相交的情况），这根直尺不在桌面上；而如果直尺边缘上的任意两点在桌面上，那么直尺的整个边缘就落在了桌面上.

（2）将直尺抽象为一条直线，桌面抽象为一个平面. 你能将上述经验和类似的事实抽象成直线和平面的位置关系吗？你能归纳为一句话来表达吗？

（3）教师引导学生将上述事实进行抽象，得到基本事实2：如果一条直线上的两个点在一个平面内，那么这条直线就在这个平面内；

（4）归纳结论. 教师进一步引导学生用图形表示这一基本事实. 并对直线与平面的位置关系用集合语言进行表示：平面可以看成是直线的集合. 如果直线 l 上所有点都在平面 α 内，就说直线 l 在平面 α 内，记作 $l \subset \alpha$；否则，就说直线 l 不在平面 α 内，记作 $l \not\subset \alpha$. 这样，基本事实2也可以用符号表示为 $A \in l, B \in l, A \in \alpha, B \in \alpha \Rightarrow l \subset \alpha$.

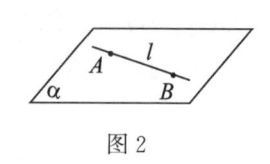

图2

追问：我们知道，平面具有"平"和"无限延展"的特征. 而基本事实2反映了直线与平面的位置关系. 我们能不能利用这种位置关系，用直线的"直"和"无限延伸"刻画平面的"平"和"无限延展"？

设计意图：基本事实2反映了直线和平面的关系，反映了研究平面的思路，体现了立体几何的研究方法，也明确了研究目标. 对于基本事实2，教师要引导学生从正反两方面描述，强调其中反映的充要关系：若直线在平面内，则直线上所有点在平面内；若直线所有点在平面内，则直线在平面内.

问题5：我们知道，平面具有"平"和"无限延展"的特征. 而基本事实2反映了直线与平面的位置关系. 我们能不能利用这种位置关系，用直线的"直"和"无限延伸"刻画平面的"平"和"无限延展"？

师生活动：教师引导学生思考，平面可以看成是直线的集合，因此可以利用平面上所有直线的"直"和"无限延伸"说明平面的"平"和"无限延展".

如图3，由基本事实1，给定不共线三点 A，B，C，它们可以确定一个平面 ABC；连接 AB，BC，CA，由基本事实2，这三条直线都在平面 ABC 内，进而连接这三条

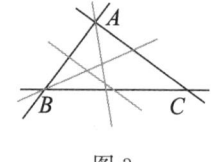

图3

直线上任意两点所得直线也都在平面 ABC 内, 所有这些直线可以编织成一个"直线网", 这个"直线网"可以铺满平面 ABC. 组成这个"直线网"的直线的"直"和向各个方向无限延伸, 说明了平面的"平"和"无限延展".

问题 6: 基本事实 1 和 2 分别从点与平面、直线与平面关系的角度对平面进行了刻画. 接下来, 我们从平面与平面关系的角度对平面进一步刻画. 思考下面的问题: 把三角尺的一个角立在课桌面上, 三角尺所在平面与课桌面所在平面是否只相交于一点? 为什么?

师生活动: 教师引导学生回顾基本事实 1 和 2, 提出从平面与平面关系的角度刻画平面的问题, 并引导学生把三角尺想象成无限延展的平面, 用它去"穿透"课桌面. 可以让学生想象"两个平面相交于一条直线", 还可以举出"教室里相邻的墙面在地面的墙角处有一个公共点. 这两个墙面相交于过这个点的一条直线"的例子. 由此归纳得到基本事实 3.

基本事实 3: 如果两个不重合的平面有一个公共点, 那么它们有且只有一条过该点的公共直线. 进一步, 教师给出基本事实 3 的图形 (图 4) 以及符号表示, 并给出两个相交平面的画法 (图 5).

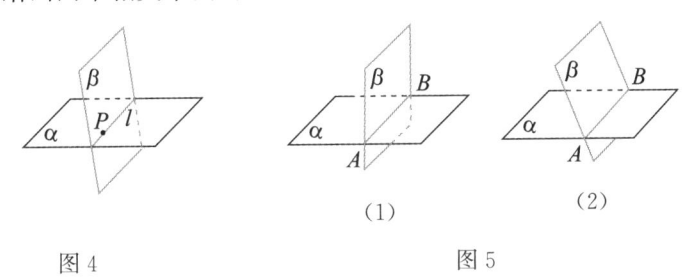

图 4

图 5

设计意图: 教师按照点与平面、直线与平面、平面与平面关系的研究思路, 提出利用平面与平面的关系刻画平面的问题, 并结合生活中的实例, 归纳得出基本事实 3. 基本事实 3 反映了两个平面的位置关系, 对于两个不重合的平面, 只要它们有公共点, 它们就是相交的位置关系, 交集是一条直线.

问题 7: 类似基本事实 2, 你能结合基本事实 3, 进一步说明平面的"平"和"无线延展"的基本特征吗?

师生活动: 教师引导学生分析基本事实 3, 基本事实 3 说明: 如果两个平面有一个公共点, 那么这两个平面一定相交于过这个公共点的一条直线. 两个平面相交成一条直线的事实，可以让我们进一步认识平面的"平"和"无限延展".

追问：如果不是两个平面相交，它们一定相交成一条直线吗？由此你对基本事实3又有什么体会？

师生活动：教师可以在学生思考的基础上给出曲面与平面相交的例子. 例如说明圆柱面（曲面）和平面的公共点不是直线.

设计意图：利用基本事实3，进一步理解平面的基本特征. 通过反例，加深对基本事实3和平面特征的理解.

小结：上述三个关于平面的基本事实是人们经过长期观察与实践总结出来的，是几何推理的基本依据，也是我们进一步研究立体图形的基础.

问题8：基本事实1给出了确定一个平面的一种方法. 利用基本事实1和基本事实2，再结合"两点确定一条直线"，你还可以得到一些确定一个平面的方法吗？

追问：我们知道，确定一个平面包括存在性和唯一性两个方面，对于你得到的方法，你能从这两方面说明道理吗？

师生活动：学生结合基本事实1，2和"两点确定一条直线"进行思考、讨论、交流，得出三个推论（如图6）：

推论1 经过一条直线和这条直线外一点，有且只有一个平面.

推论2 经过两条相交直线，有且只有一个平面.

推论3 经过两条平行直线，有且只有一个平面.

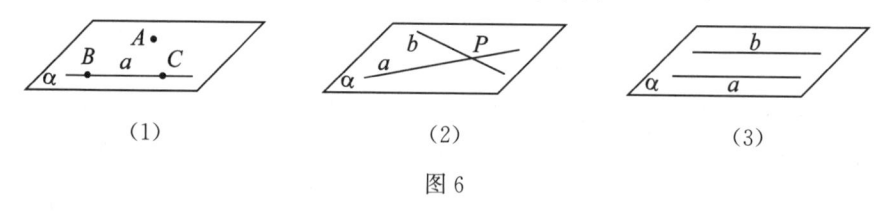

（1）　　　　　　（2）　　　　　　（3）

图6

对于三个推论，教师要求学生画出图形，并结合图形，师生共同对推论1从存在性和唯一性的角度进行说理，确认其正确性. 对于推论2和推论3，学生独立完成说理过程，教师说明基本事实和推论在后续研究直线、平面之间位置关系中的作用.

设计意图：三个基本事实和三个推论，在后续的直线、平面位置关系的研究中发挥着基础作用．本活动引导学生从基本事实得到它们的三个推论．在这一过程中，进一步体会关于直线、平面的基本事实在得到确定平面的结论中的作用．由于推论的证明涉及存在性和唯一性两个方面，学生初次接触这样的证明比较困难．教学中采用说理的方式让学生确认其正确性即可，不必要求学生写出完整的证明．

教师与学生一起回顾本节课所学的主要内容，并请学生回答以下问题：

平面的三个基本事实各自的意义是什么？三个基本事实和三个推论有什么作用？我们是如何得到关于平面的三个基本事实的，由此你对研究组成几何图形基本元素的方法有什么体会？

师生活动：教师和学生一起回顾本节课所学知识．对于平面的三个基本事实，除了其内容本身外，教师应向学生指出，基本事实及其推论是平面的基本性质，这些"基本性质"，就是几何图形组成要素之间位置关系的反映；平面的三个基本事实通过点、直线与平面的相互关系刻画了平面的基本性质——"平"和"无限延展"．

设计意图：通过教师提出问题，教师与学生共同梳理本节所学的主要知识，以及涉及的数学思想方法．体会立体几何的研究内容、思路和方法．

▶ 课后作业

阅读人教版《普通高中教科书 数学 必修 第一册》第122页至第125页．

必做题，人教版《普通高中教科书 数学 必修 第一册》第126页练习第1，2，3，4题．

选做题，人教版《普通高中教科书 数学 必修 第一册》习题8.4第10题（建议学生互相交流）．

教学设计4 9.3 统计案例

一、单元内容和内容解析

1. 内容

获取数据，通过数据分析研究和解决问题．

2. 知识结构图

收集数据 → 整理数据 → 提取信息 → 构建模型 → 进行推断 → 获得结论

3. 内容解析

本单元提供一个完整案例：公司的肥胖情况调查分析．利用本章学习的知识，通过案例示范，引导学生经历统计解决问题的全过程，其目的是使学生了解背景知识、数据来源和要解决的问题，设计解决问题的思路，给出统计分析结果的解释，并学会撰写分析报告，这是前面两节所学知识的综合应用．

统计案例教学是根据统计学的学科特点和教学目的而设计和组织的一种新型教学形式，它属于实践活动的真实模拟，它以增强分析和处理实际问题的能力为目的，通过教学，让学生能根据案例运用所学统计理论知识和方法对案例中待定问题进行思考、分析、研究和辩论，并要求学生能对计算过程和结果进行分析和评价，达到深刻理解、熟练掌握、会实际应用的程度．

统计的本质是通过收集数据和分析数据来认识未知现象，其研究重点是如何有效地收集和分析数据，所有统计方法的提出都是为了这个目的．这里的"有效"既包括人力、物力、时间的节省，也包括估计精度和可靠度的提高．在具体教学中这种有效性又可以表现为方法的必要性、合理性或重要性等．因此，从整体上看，让学生体会统计方法的必要性和合理性，以及正确了解样本和总体的关系是统计教学的重点，往往也是难点．对于本单元的内容，简单随机抽样和分层随机抽样两种抽样方法是数据收集部分内容的重点，频率分布直方图是数据描述部分的重点，各种数字特征的统计含义是数据分析部分的重点；而能根据实际问题的特点，灵活应用所学统计知识是难点，例如设计恰当的抽样方法收集数据，选择恰当的统计图表描述数据，选择合适的数字特征刻画统计特征.

本单元安排 2 个课时教学.

第 1 课时　统计案例教学；

第 2 课时　查询文献撰写统计报告.

本单元教学重点是有效收集和分析数据，撰写统计报告.

二、单元目标和目标解析

1. 目标

经历应用统计知识解决实际问题的全过程，能根据已有的数据并查询文献写一份统计报告，积累数据分析的经验，提升数据分析的素养.

2. 目标解析

达成上述目标的标志是：

（1）能通过一个完整的案例经历统计学解决问题的过程：了解背景知识、数据来源和要解决的问题，设计解决问题的思路，给出统计分析结果的解释.

（2）懂得数据收集和整理的方法、数据直观图表的表示方法和数据统计特征的刻画方法，感悟根据实际情况进行科学决策的必要性和可能性，体会统计思维与确定性思维的差异.

（3）在处理数据的过程中，能通过运用计算机完成列表、画图、计算等数据处理，合理使用信息技术.

三、单元教学问题诊断分析

本单元是综合应用课，要求学生经历一个完整的统计案例研究过程，由于所学内容多且学生对统计研究全过程缺乏整体认识等原因，造成其学习困难，但学生在小学、初中以及高中阶段的学习，已经积累了大量的经验，因此本单元可以结合具体实例引导学生进行梳理. 教学中，需要学生在掌握统计知识的基础上进行应用与实践，经历根据实际需求，通过适当的方法获取数据，并要选择适当的统计图表对数据进行整理和描述，用各种统计方法对数据进行分析，最后从样本数据中提取需要的信息，推断总体的情况，进而解决相应的实际问题．

基于上述分析，本单元的教学难点是：建立统计研究问题的方法，形成研究过程，撰写研究报告．

四、单元教学支持条件分析

在处理数据的过程中，鼓励学生利用计算机完成列表、利用 excel 表格工具绘制条形图、扇形图、频率分布直方图等，并进行计算等数据处理，合理使用信息技术，积累数据分析的经验，培养数据分析的素养．

五、课时教学设计

第 1 课时　统计案例教学

▶ 课时教学内容

统计案例：公司员工的肥胖情况调查分析．

▶ 课时教学目标

经历应用统计知识解决某公司员工的肥胖情况调查分析，能根据已有的数据完成调查报告，积累数据分析的经验，提升数据分析的素养．

▶ 教学重点与难点

重点：数据整理与分析．

难点：数据整理与分析．

▶ 教学过程

引导语：近年来，我国肥胖人群的规模急速增长，肥胖人群有很大的心血管安全隐患．目前，国际上常用身体质量指数（Body Mass Index，缩写 BMI）来衡量人体胖瘦程度以及是否健康，其计算公式是 BMI $= \dfrac{体重（单位：kg）}{身高^2（单位：m^2）}$．

中国成人的 BMI 数值标准为：BMI＜18.5 为偏瘦；18.5≤BMI＜23.9 为

正常；24≤BMI<27.9 为偏胖；BMI≥28 为肥胖.

某公司为了解员工的身体肥胖情况，请研究员调查并撰写一份公司员工肥胖情况调查统计分析报告.

问题 1：在统计分析中我们具体要研究哪些问题？针对公司的要求，该如何研究？

师生活动中，教师介绍肥胖的危害和人群肥胖现状背景，引出员工肥胖情况调查的实际统计案例的调查与分析，与学生互动，指出需要研究的问题是公司员工肥胖情况调查，需要明确研究的问题包括：用什么量衡量肥胖情况、肥胖人数所占比例、肥胖人数与性别是否有关等；再结合学生的回答情况，用以下追问引导学生认识到：统计学是通过收集数据和分析数据来认识未知现象的一门科学，它可以为人们决策提供依据，研究的基本步骤是：收集数据—整理数据—分析数据—用样本估计整体.

其中，获取数据的基本途径如下：

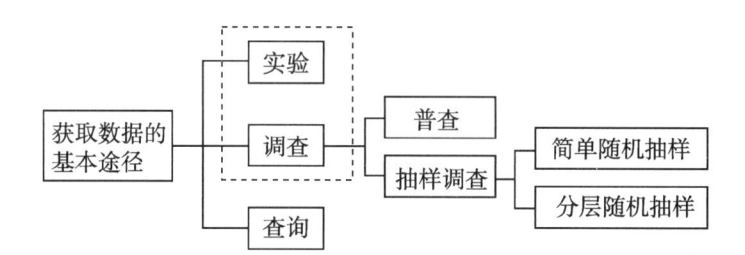

```
                    ┌── 实验
获取数据的基本途径 ──┤          ┌── 普查
                    ├── 调查 ──┤          ┌── 简单随机抽样
                    │          └── 抽样调查┤
                    │                      └── 分层随机抽样
                    └── 查询
```

追问 1：结合本章统计知识，你认为我们该如何进行调查？

追问 2：我们该如何收集数据？

设计意图：提出问题，引导学生先了解背景知识、数据来源和要解决的问题，再利用本章学习的知识，经历统计学解决问题的过程.

问题 2：为了解某公司员工的身体肥胖情况，研究人员从公司员工体检数据中，采用比例分配的分层随机抽样方法抽取了 90 名男员工、50 名女员工的身高和体重数据，计算得到他们的 BMI 值如下，我们该如何整理数据呢？该如何研究呢？

表1

男员工	23.5	21.6	30.6	22.1	23.7	20.6	24.0	23.9	20.8	21.5
	22.1	21.6	19.0	20.2	19.6	17.3	17.9	23.4	18.7	23.1
	17.3	22.4	20.8	25.1	21.3	27.7	23.5	23.6	19.4	23.1
	18.6	24.1	21.3	19.5	18.7	21.0	22.6	16.0	18.0	17.9
	22.1	19.3	19.3	22.8	29.0	21.4	22.3	18.8	19.7	27.4
	23.5	23.6	30.5	22.3	21.6	17.6	21.5	29.1	25.5	18.7
	22.1	18.9	25.8	27.8	35.3	17.5	27.0	19.9	22.2	24.5
	18.0	19.0	21.1	21.3	18.7	23.9	20.8	34.2	16.6	19.3
	20.9	23.7	23.7	23.0	18.7	27.3	21.2	17.3	23.5	30.1
女员工	21.8	18.2	25.2	28.1	21.5	19.1	25.7	24.4	17.6	20.8
	20.5	20.2	17.4	21.6	18.4	20.3	30.8	23.6	23.3	22.8
	20.8	16.8	19.0	16.4	18.7	26.1	20.2	17.6	15.4	21.5
	19.5	31.6	19.1	20.4	13.9	18.6	16.6	15.9	18.3	18.1
	29.7	18.9	16.9	25.8	19.8	18.5	16.0	17.6	19.1	26.5

师生活动：教师根据以上数据，通过对话，引导学生提出任务目标：

(1) 进行数据可视化，用图表展示数据；

(2) 比较男女员工在肥胖状况上的差异；

(3) 分析公司员工胖瘦程度的整体情况；

(4) 提出控制体重建议.

设计意图：通过问题，让学生对实践的步骤有清晰的认知，能按照归纳得到的路径实施调查与分析.

问题3：请同学们思考，针对整理好的数据，我们该如何分析数据？

师生活动：教师结合本章学习内容，引导学生针对样本数据进行分析，指出根据样本数据取值，通过对规律的描述和各统计特征的刻画，例如频数分布表、频率分布直方图、百分比、平均数、众数、方差、标准差、极差等，可以估计出总体相应的取值规律和统计特征. 之后根据整理的数据，要求学生完成：

(1) 利用扇形图、条形图、频数分布表、频率分布直方图等展示数据；

(2) 计算样本中的特征量：平均数、众数、方差、标准差、极差等，并对数据进行分析；

(3) 通过样本估计整体的统计规律，分析公司员工胖瘦程度的整体情况．

追问3：你能画出频率分布直方图吗？画频率分布直方图有哪些步骤？

设计意图：提出任务目标，通过实际问题，让学生经历数据分析的过程，体会样本估计总体的统计思想．

问题4：BMI值可以看成连续型数据，通过频率分布直方图了解男、女员工BMI值的分布情况，再对男、女员工BMI值的平均值和标准差等数字特征进行比较，最后将男、女员工BMI值的数据合在一起进行分析，你能得出怎样的结论？

师生活动：教师明确画频率分布直方图的步骤，关于男员工：

(1) 求极差，得 $35.3-16.0=19.3$；

(2) 决定组距与组数：$\dfrac{19.3}{8}=2.4125$；

(3) 将数据分组：按照 [15.65，18.15)，[18.15，20.65)，[20.65，23.15)，…，[33.15，35.65] 分成8组；

(4) 列频率分布表；

(5) 画频率分布直方图．

教师引导学生分析男女员工在肥胖状况上的差异，分别得出以下结论．

表2 男性BMI值的分布情况

分组	频数
[15.65，18.15)	1
[18.15，20.65)	20
[20.65，23.15)	28
[23.15，25.65)	18
[25.65，28.15)	6
[28.15，30.65)	5
[30.65，33.15)	0
[33.15，35.65]	2
合计	90

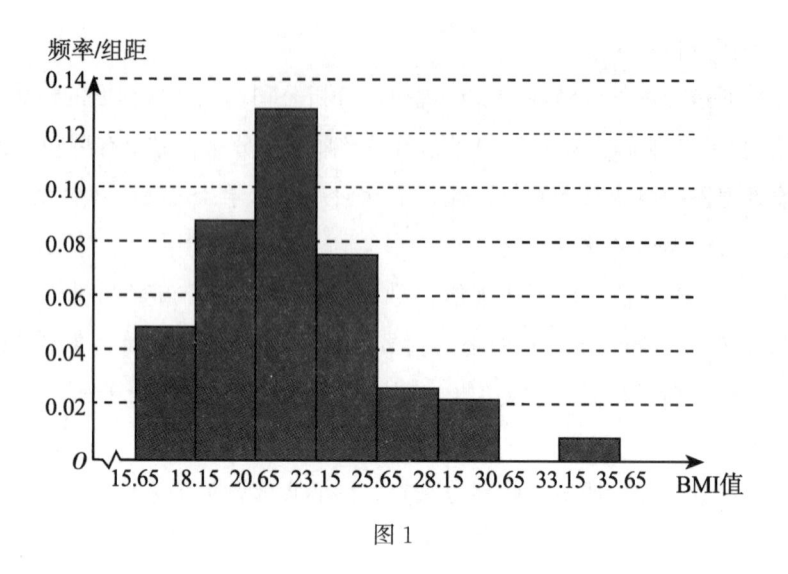

频率/组距

女性BMI值的分布情况

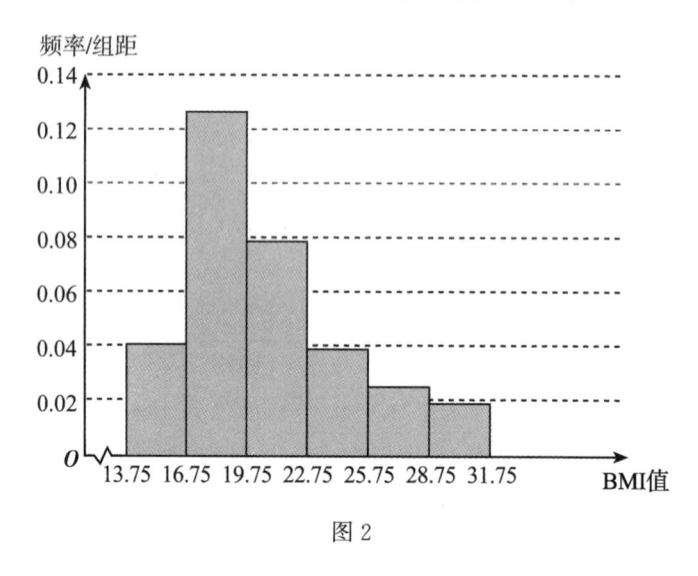

图1

图2

1. 求极差：$31.6 - 13.9 = 17.7$；
2. 决定组距与组数：$\dfrac{17.7}{6} = 2.95$.

通过观察两幅频率分布直方图，发现男员工的 BMI 值主要集中在区间 $[15.95, 25.95)$ 内，数据较集中，女员工的 BMI 值大部分在区间 $[15.95,$

20.95)内,后面呈阶梯式下降;男、女员工的 BMI 值的频率分布直方图都不对称,都是左高右低,女员工的 BMI 值右边有一个较长的尾巴,表明大部分女员工的 BMI 值集中在较小区域.

设计意图:让学生经历将数据可视化处理的过程,实践绘制频率分布直方图.

问题 5:我们还能用哪些图表展示数据?

师生活动:教师引导学生思考用表格、扇形图、条形图等进一步可视化处理数据,并根据处理的数据分析得出结论,具体如下.

一、

表 3　男、女员工胖瘦程度占比统计表

胖瘦程度	偏瘦	正常	偏胖	肥胖
男员工	12.2%	67.8%	12.2%	7.8%
女员工	32.0%	48.0%	12.0%	8.0%

观察表格得:男、女员工偏胖和肥胖的比例差不多,但女员工偏瘦的比例较大.

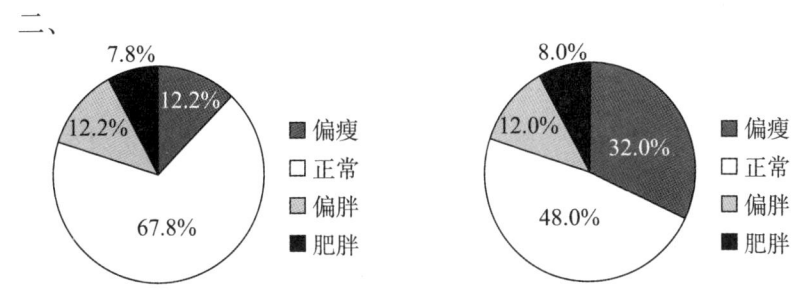

二、

图 3　男员工肥胖程度占比扇形图　　图 4　女员工肥胖程度占比扇形图

观察图形得:样本中约三分之二的男员工胖瘦正常,偏瘦和偏胖的男员工占比基本相同,肥胖人数占比最少;有近一半的女员工胖瘦正常,有三分之一的女员工偏瘦.

三、

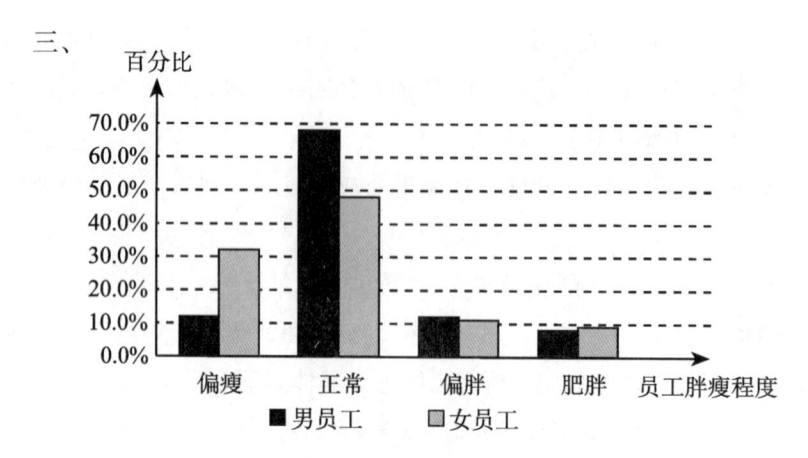

图5 男、女员工肥胖程度占比条形图

观察图形得：男、女员工的胖瘦程度在正常范围内的占比最多，肥胖范围内占比最少；胖瘦程度在正常范围内的男员工明显多于女员工，而偏瘦的女员工又明显多于男员工；偏胖和肥胖的员工男女比例相同.

四、样本数据的特征量

表4 男、女员工BMI值的中位数、平均数、标准差、方差和极差

	中位数	平均数	标准差	方差	极差
男员工的BMI值	21.6	22.2	3.8	14.3	19.3
女员工的BMI值	19.7	20.7	4.1	16.5	17.7

观察表格得：男、女员工的BMI值中位数和平均数都在正常范围内；男员工的BMI值的中位数和平均数都比女员工的大；从标准差和方差可以看出，男员工的BMI值比女员工略小；极差表明男员工的BMI值的变化范围比女员工的变化范围大.

结论：综上所述，男、女员工中除正常体重外，均有偏瘦、偏胖和肥胖的人员；男员工胖瘦程度在正常范围内的人数约占总人数的三分之二，女员工偏瘦的人数较多，占女员工总人数的近三分之一；女员工偏瘦的比例明显大于男员工偏瘦的比例，且女员工整体比男员工偏瘦.

师生活动：在此基础上，引导学生得出，可通过图表（频率分布直方图、

条形图和扇形图)、特征量(平均数、中位数、众数)等刻画样本的集中趋势;通过方差、标准差和极差刻画样本离散程度.学生整理分析数据,得到男女员工在肥胖状况上的差异.

设计意图:让学生在通过分层抽样调查获得数据的基础上,用图表和特征量来刻画数据的特点,将本章学习的统计图表与特征量实践在具体问题中,并自主分析图表、特征量,利用样本估计总体,从而得到结论.在这一过程中,让学生巩固本章学习的统计知识,发展学生数学运算、数据分析等核心素养.

问题6:能从整个公司的层面,通过统计分析的方法得出员工胖瘦程度的整体情况吗?

师生活动:教师引导学生对整个公司的数据进行整理,绘制频率分布直方图,得出公司员工胖瘦程度的整体情况如下.

表5 员工BMI值的频率分布表

BMI值	频数	频率
[13.45,15.95)	3	2.1%
[15.95,18.45)	24	17.1%
[18.45,20.95)	41	29.3%
[20.95,23.45)	32	22.9%
[23.45,25.95)	22	15.7%
[25.95,28.45)	8	5.7%
[28.45,30.95)	7	5.0%
[30.95,33.45)	1	0.7%
[33.45,35.95)	2	1.4%
合计	140	100.0%

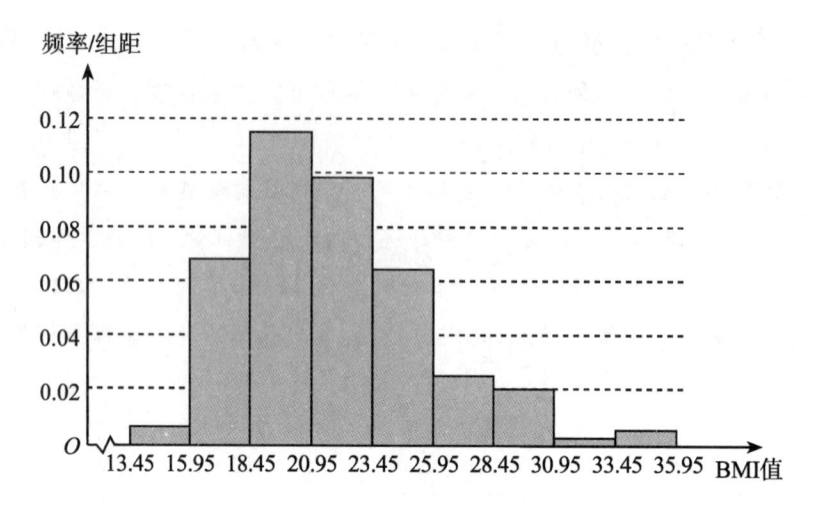

图 6　员工 BMI 值的频率分布直方图

约 85% 员工的 BMI 值集中在 [15.95，25.95) 内，极少数员工严重偏瘦或肥胖；

员工 BMI 值的分布不对称，图形左边高，右边低，大部分员工的身体胖瘦程度集中在 [15.95，25.95) 内.

在此基础上，引导学生得出结论：

（1）男、女员工中除正常体重外，均有偏瘦、偏胖和肥胖的人员；

（2）男员工胖瘦程度在正常范围内的人数约占总人数的三分之二，女员工偏瘦的人数较多，占女员工总人数的近三分之一；

（3）女员工偏瘦的比例明显大于男员工偏瘦的比例，且女员工整体比男员工偏瘦；

（4）公司员工有约 61% 的人员胖瘦程度在正常范围内，约 8% 的员工属于肥胖，需要引起注意.

设计意图：通过进一步回顾频率分布直方图的绘制，让学生经历数据分析的过程，体会用样本估计总体的统计思想.

问题 7：针对统计分析的结论，你能提出怎样的建议？

师生活动：教师引导学生通过频率分布表和频率分布直方图，分析得到公司员工胖瘦整体情况的结论，并综合以上结论结合生活经验给出建议如下：

（1）提高认识：充分认识肥胖的危害；

（2）合理饮食：采取合理的饮食营养方法；

（3）坚持体育运动：平时要加强体育锻炼；

（4）生活规律：养成良好的生活习惯；

（5）心情舒畅：良好的情绪对预防肥胖能起到一定作用.

设计意图：考查学生是否能够将统计结果、数据分析和生活实际相结合，用统计知识解决实际问题，并给出合理的建议，培养学生用数学的眼光观察世界，用数学的思维思考世界，用数学的语言表达世界的能力，达成"四能"中分析问题和解决问题的能力.

问题8：请你回顾本节学习过程，面对一个统计问题，我们需要按怎样的步骤、如何解决呢？

师生活动：教师引导学生回顾学习过程，整理统计问题的解决步骤，如下：

（1）根据实际需求，通过适当的方法获取数据；

（2）选择适当的统计图表对数据进行整理和描述；

（3）用各种统计方法对数据进行分析；

（4）从样本数据中提取需要的信息，推断总体的情况，进而解决相应的实际问题.

之后提出撰写统计分析报告的要求，并具体解释报告的结构，如下：

（1）标题：用简洁的语言指明统计问题；

（2）前言：简单交代调查的目的、方法、范围等背景情况，使读者了解调查的基本情况；

（3）主体部分：展示数据分析的全过程，首先要明确所关心的问题是什么，说明数据蕴含的信息；根据数据分析的需要，说明如何选择合适的图表描述和表达数据；从样本数据中提取能刻画其特征的量，如均值、方差等，用于比较男、女员工在肥胖状况上的差异；通过样本估计总体的统计规律，分析公司员工胖瘦程度的整体情况；

（4）结尾：对主体部分的内容进行概括，结合控制体重的一般方法（可以查阅有关文献），提出控制公司员工体重的建议.

师生活动：教师回顾学习内容，提出撰写统计的报告要求并指导学生完成.

> 课后作业

要求：了解你所在学校高一年级全体学生的身高情况．请你和其他同学合作设计一个方案，并实施调查，完成一份统计调查分析报告．

要求：在调查时，采用你认为比较合理的抽样方法，说明采用该抽样方法的理由和实施该方法的详细步骤，采用合适的图表展示数据，比较男、女学生在身高上的差异，分析高一学生身高的整体情况，对所得结论进行概括，并通过查阅文献提出影响学生身高的主要因素．

教学设计 5 10.1 随机事件与概率

一、单元内容和内容解析

1. 内容

有限样本空间、随机事件、事件的关系和运算、古典概型、概率的基本性质．

2. 知识结构图

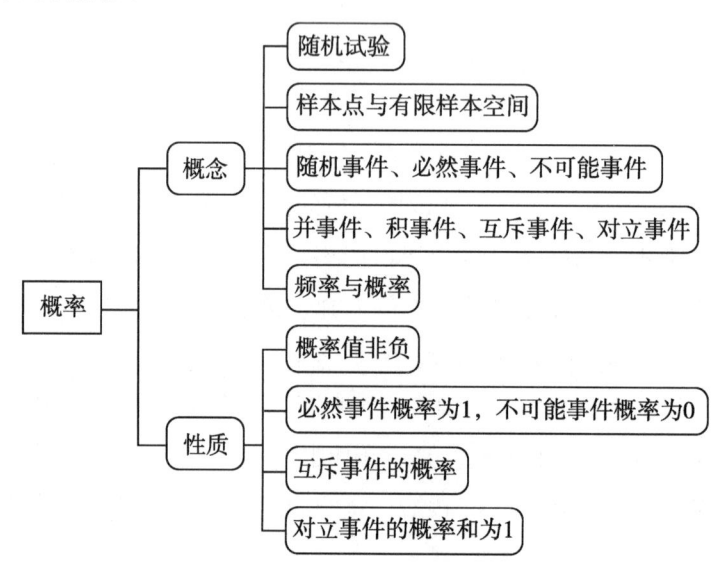

概率
- 概念
  - 随机试验
  - 样本点与有限样本空间
  - 随机事件、必然事件、不可能事件
  - 并事件、积事件、互斥事件、对立事件
  - 频率与概率
- 性质
  - 概率值非负
  - 必然事件概率为1，不可能事件概率为0
  - 互斥事件的概率
  - 对立事件的概率和为1

3. 内容解析

（1）内容的本质：概率是研究随机现象数量规律的数学分支，概率的大小反映了现实世界中事件发生可能的随机性的程度，同一个实验在大量重复观测下，各个结果出现的频率却具有稳定性.

（2）蕴含的数学思想和方法：在给出有限样本空间和随机事件的定义后，类比集合的关系与运算，结合具体实例得到随机事件的并、交运算. 本单元内容自始至终都是结合实例来展开研究的，体现了由具体到抽象，由简单到复杂，由特殊到一般的思想方法.

（3）知识的上下位关系：学生在初中学习了"随机事件、不可能事件、必然事件"等概念；进入高中，在引入了有限样本空间的概念后，用集合的观点重新定义了随机事件与概率；进入大学后，概率又是通过公理化的定义，即如果一个集合 A 满足：①非负性；②规范性；③可加性，那么我们称事件 A 到实数集 $[0，1]$ 上的映射为"集函数"，这个"集函数"就是概率的公理化定义.

概率的下位概念是对于有限个等可能结果的随机试验，把随机事件 A 包含的样本点数 k 与试验的样本空间包含的样本点 n 的比值作为事件 A 的概率定义.（初中）

概率的中位概念是随机事件发生的可能性大小的度量.（高中）

概率的上位概念是满足三个条件的集合 A 到实数集 $[0，1]$ 的"集函数".（大学）

本单元的教学内容，通过偶然性与必然性的辩证关系，变与不变的必然关系，可能与不可能的辩证关系，特殊性与普遍性的辩证关系等帮助学生树立和形成辩证唯物主义的世界观和方法论. 统计概率与确定性数学有着不同的思考方式，事实上，在现实生活中，出现更多的是不确定性现象，只有形式化的数学问题才能有确定的解法，这与学生甚至教师的思维认知差异有着很大的不同. 通过概率的学习，培养学生的探索精神、创新精神、合作精神、决策意识等，发挥其育人功能，促进学生的综合素质的提高.

教学重点：（1）由实际问题抽象随机事件的概念，理解事件的关系和运算；(2) 通过古典概型理解概率的意义，探究概率的性质．

本单元安排 4 个课时教学．

第 1 课时　有限样本空间与随机事件；

第 2 课时　事件的关系和运算；

第 3 课时　古典概型；

第 4 课时　概率的基本性质．

二、单元目标和目标解析

1. 目标

(1) 经历"随机试验—有限样本空间—随机事件"这一数学化过程，理解样本点和有限样本空间的含义，理解随机事件与样本点的关系及事件 A 发生的含义．

(2) 类比集合的关系与运算，了解两个随机事件包含、互斥及互相对立的含义，了解随机事件的并、交的含义，能结合实例进行随机事件并、交的运算．

(3) 掌握古典概型的特征，理解概率定义的合理性，能计算简单随机事件的概率，解决实际问题．能够借助古典概型认识有限样本空间、随机事件，以及随机事件的概率．

(4) 通过实例，理解概率的基本性质，掌握概率的运算法则．

2. 目标解析

(1) 学生能通过"随机试验—有限样本空间—随机事件"的数学化过程，通过集合的形式表示样本点和有限样本空间的含义，学生能熟练地将生活中的随机事件用集合表示，并能正确理解随机事件与样本点的关系及事件 A 发生的含义．

(2) 学生能像熟练掌握集合之间的关系和运算那样，了解两个随机事件包含、互斥及互相对立的含义，了解随机事件的并、交的含义，能结合实例通过集合进行随机事件并、交的运算．

(3) 学生通过学习，认识古典概型，为研究概率的性质提供实例支持．

掌握古典概型的特征，通过对比概率的描述性定义，古典概率定义，频率的定义等理解其定义的合理性，能计算简单随机事件的概率，解决实际问题．能通过教师提供的丰富、典型的随机试验，分析实验的可能结果，掌握概率研究的一般方法．学生能通过生活常识和经验，理解古典概型的定义，认识有限样本空间、随机事件等．

（4）学生能通过具体实例，类比函数的值域，特殊值，单调性等性质，得到概率的非负性、规范性、可加性等．能通过具体问题，发现和事件与并事件的概率公式，并通过古典概型的定义加以验证．

三、单元教学问题诊断分析

义务教育阶段学生已经对随机事件的概念有了初步的了解，在高中阶段学生对于用集合的形式研究随机事件的原因知之甚少，对于理解和体会单元教学理念下的概率的教学有一定困难．

用合适的集合符号表示随机试验的结果，在经历这个数学抽象的过程中，学生会出现样本点遗漏、表示的形式不统一等问题．

在初中的教材和旧版高中教材中，对于必然事件和不可能事件统称为确定性事件，对于在一定条件下，可能发生也可能不发生的事件称为随机事件．这与新教材中将必然事件与不可能事件作为随机事件的两个极端情形是不一样的，学生在没有体会用集合的观点研究概率的必要性时，很容易将继续按照旧的认识看待．

在事件的关系和运算中，对于集合的子、交、并、补及所对应的事件的包含、交（积）事件、并（和）事件、对立事件等准确地建立起联系有一定的困难．

学生在对古典概型的学习中，对于样本点是等可能发生的判断有时比较困难，究其原因主要是对于基本事件的认识往往是不到位的．

学生在通过类比指数函数的性质，得到概率的性质时，对于性质 6 的理解有一定困难，可以借助韦恩图类比得到．

本单元的教学难点是用适当的符号表示随机试验的结果，抽象样本空间和随机事件的概念；求解古典概型问题时，对所有样本点等可能性的判断.

四、单元教学支持条件分析

1. 学生在初中初步了解了随机事件的概念，并学习了在试验结果等可能的情形下求简单随机事件的概率，这是学习概率公理化定义的基础．进入高中后，学生较系统地学习了函数的相关性质，并得到了研究函数的一般路径，应该充分利用学生已经具备的研究基础，通过上一章所学习的统计学中获取数据及数据分析的方法，继续研究现实世界中的随机现象．

2. 为有效实现单元教学目标，尽可能运用计算器、计算机进行模拟活动，处理数据，更好地体会概率的意义和统计思想．

五、课时教学设计

第 1 课时 有限样本空间与随机事件

▶ 课时教学内容

随机试验、样本点、样本空间、随机事件、基本事件、事件 A 发生、必然事件、不可能事件.

▶ 课时教学目标

1. 通过抛硬币、掷骰子、摸球等三个数学试验的实例，让学生能理解样本点和有限样本空间的含义．

2. 借助典型例子，让学生理解随机事件与样本空间的关系及事件 A 发生的含义．

3. 结合实际问题抽象出随机事件的概念，在这个过程中发展数学抽象、数学建模能力．通过合作探究，深度理解概念．

▶ 教学重点与难点

重点：有限样本空间的概念以及随机事件的概念．

难点：用适当的符号表示随机试验的结果，抽象样本空间和随机事件概念．

▶ 教学过程设计

环节一　引言

同学们，通过第九章的学习，我们知道了许多实际问题在解决的时候可以通过收集数据、分析数据、描述与表达数据，通过用样本估计总体，解决相关的问题．随着样本量的增大，我们可以发现其中的一些规律，对于一次试验而言，出现哪种结果具有偶然性，但是在大量重复观测下，各个结果出现的频率却具有稳定性，这种现象称为随机现象．在初中，我们已经学习了与这种随机现象相关的知识，这门学科称之为概率，概率是对随机现象发生可能性大小的一种度量，初中学习的内容包括随机事件与概率，用列举法求概率，用频率估计概率等，这些概率的计算都是在试验的结果是等可能的情况下发生的．从今天开始，我们将继续在之前学习的基础上，研究刻画随机事件的方法，加深对随机现象的认识和理解．

设计意图：通过对章引言与节引言的简要介绍，既对第九章统计和初中所学的概率有了"承上"的衔接，又对本章即将要学习的内容有了"启下"的引导，使学生初步明确了统计与概率的关系及概率的学习是在初中的基础上进行的．

环节二　问题探究

问题1：进行以下试验：

数学分组试验	可能基本结果
（ⅰ）一枚硬币（一元），观察它们落地时向下，向上的情况	
（ⅱ）两个硬币（一个五毛，一个一元），观察它们落地时向上情况	
（ⅲ）掷一个骰子，观察落地时朝上的点数	
（ⅳ）袋子中有10个大小、质地完全相同的球，标号为0，1，2，3，4，5，6，7，8，9充分搅拌后，随机取一个球，记录球的号码	

1. 试验可否重复进行？

2. 如果不做试验，你能知道所有可能结果吗？

3. 一次试验之前，你能确定将会出现哪一种结果吗？

师生活动：教师提出上述问题，学生分组讨论后进行回答，教师引导学生从试验的条件、试验的结果两个角度对随机试验进行认知．

设计意图：通过创设情境，让学生动手操作，增强了学生的体验感，在这个过程中发展学生的基本活动经验．教师选择了教材中学生最熟悉的例子，有利于学生快速地得到概念．

追问 1：试验 Ⅳ 中，共有多少个可能的结果？如何表示这些结果？

追问 2：进入高中后，我们学习了集合，并学习了用集合的语言定义函数，用集合的语言表示几何问题等，能否用集合的语言表示试验的结果呢？

我们把随机试验 E 的每个可能的基本结果称为样本点，全体样本点的集合称为试验 E 的样本空间，一般地，我们用 Ω 表示样本空间，用 ω 表示样本点，我们只研究有限集的情况．

设计意图：选择了教材提供的问题，也是刚刚学生动手试验过的例子，通过类比函数、几何等用集合的语言描述的过程，体会随机事件的结果用集合表示的必要性与合理性．

问题 2：刚才抛掷一枚硬币的试验中，请写出试验的样本空间．

师生活动：教师提问，学生回答，教师指导学生运用集合的语言描述随机试验的结果，指出为了研究的方便，我们通常用字母表示集合，设 h 表示"正面朝上"，t 表示"反面朝上"，则样本空间 $\Omega=\{(h,t)\}$．

设计意图：通过学生亲历的试验，体会新概念的含义与表示形式，为了进一步的抽象，用字母表示集合，在这个过程中发展学生的数学抽象的素养．

追问 1：抛掷两枚硬币，观察它们落地时朝上的面的情况，写出试验的样本空间．

追问 2：抛掷三枚硬币，写出试验的样本空间．

追问 3：在第一个试验中，出现正面或出现反面的事件记为 C，既不出现正面又不出现反面的事件记为 D，写出事件 C,D 并判断其与样本空间的关系．

师生活动：教师追问，学生回答，教师通过与学生的讨论，让学生用集合的语言表示结果，引导学生发现（0，1）和（1，0）的不同，并能用正确的集合语言表示追问 2 和追问 3 的样本空间．教师对用集合表示样本空间的方法作出解释，Ω 作为自身的子集，包含了所有的样本点，在每次试验中总有一个样本点发生，所以 Ω 总会发生，称为必然事件. 空集不包含任何样本点，在每次试验中都不会发生，我们称 ∅ 为不可能事件. 必然事件与不可能事件不具有随机性，为了统一，我们将必然事件和不可能事件作为随机事件的两个极端情形，每个事件都是样本空间 Ω 的子集.

设计意图：通过抛硬币的例子及其变式，让学生体会用集合定义随机事件后，如何用集合表示样本空间，并运用集合的符号，将必然事件与不可能事件看作两个特殊的集合，形成对随机事件的理解，为接下来研究概率的性质做好了铺垫.

问题 3：抛掷一枚硬币，若出现正面记 1 分，出现反面记 2 分. 连续抛掷多次，记恰好得 3 分的事件为 A. 该试验的样本空间为什么？请用集合表示事件 A.

追问 1：从上述几位同学的回答中我们可以发现，事件 A 与样本空间的确定是有关系的，那么，样本点究竟该如何选择，有怎样的选择原则呢？

其实，在刚刚上课的时候，我们说到了这样一句话：在初中，我们已经初步学习了在试验结果等可能的情形下，求简单随机事件的概率，在高中，我们会在这个基础上进一步研究概率的性质和计算.

也就是说，样本空间的选择，原则上要求样本点必须是等可能发生的.

那么，同学们能否想个办法，既满足样本点是等可能发生的，又保证 (2, 1)，(1, 2) 这样的样本点是"符合"事件 A 的.

师生活动：教师提问，学生分组讨论、分析不同学生对样本点描述的结果，让学生们通过讨论得到样本点表示的原则，对等可能性进行直观上的认知.

设计意图：通过对抛硬币问题不断变式，体现了引入样本空间的必要性与迫切性. 通过不断引导，将生活问题翻译成数学化的语言，并确保翻译的数学化语言能准确表达该题目的含义.

环节三　课堂小结

问题 4：本节课我们学习了哪些内容？这些内容的研究路径有什么特点？

师生活动：通过师生共同小结，一起回顾本节课所学内容，强调教学重点，由教师提问，学生总结本节课的知识内容和思想方法．

设计意图：总结本节课的知识内容和思想方法，归纳研究概率问题的基本路径，形成一般观念．

▶ 课后作业

1. 袋子中有 9 个大小和质地相同的球，标号为 1，2，3，4，5，6，7，8，9，从中随机摸出一个球．

（1）写出试验的样本空间；

（2）用集合表示事件 $A=$ "摸到球的号码小于 5"，事件 $B=$ "摸到球的号码大于 4"，事件 $C=$ "摸到球的号码是偶数"．

设计意图：本题为人教版《普通高中教科书 数学 必修 第二册》第一节配套的练习 3，可以引导学生通过回顾亲身经历的实验过程，巩固样本空间、随机事件的概念．

2. 如图，一个电路中有 A，B，C 三个电器元件，每个元件可能正常，也可能失效．把这个电路是否为通路看成是一个随机现象，观察这个电路中各元件是否正常．

（1）用集合的形式写出试验的样本空间；

（2）用集合表示下列事件：$M=$ "恰好两个元件正常"；$N=$ "电路是通路"；$T=$ "电路是断路"．

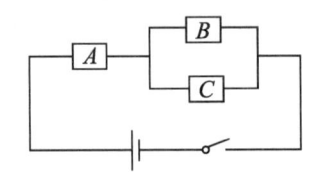

设计意图：选用人教版《普通高中教科书 数学 必修 第二册》中的例 4．初中时，学生已学习过树状图．教师通过引导学生用树状图在罗列样本空间时做到"不重不漏"，检测学生是否能识别表征形式不同、本质相同的问题．

3. 某人有 4 把钥匙，其中 2 把能打开门．如果随机地取一把钥匙试着开门，把不能开门的钥匙扔掉，那么第二次才能打开门的事件 A 是什么？样本空间是什么？如果试过的钥匙又混进去，第二次能打开门的事件 B 是什么？

样本空间又是什么？

设计意图：将生活化的场景用钥匙"开门"数学化的过程中，事件 C 会出现"第一次开""第二次没开""第一次开""第二次开"等六种情况，这种看似不合情理甚至"可笑"的情况虽然在生活中是不会出现的，但却是我们从生活中的情境进行数学抽象、建立模型时的重要环节，要让学生体会到：样本空间与问题背景有关，与问题本身无关．

选择性必修 第一册

教学设计 1　1.4　空间向量的应用

一、单元内容和内容解析

1. 内容

（1）直线的方向向量、平面的法向量.

（2）用向量的方法描述空间中直线与直线、直线与平面、平面与平面的夹角以及垂直与平行关系.

（3）用向量的方法证明直线、平面位置关系的判定定理.

（4）用向量的方法解决点到直线、点到平面、相互平行的直线、相互平行的平面的距离和简单夹角问题，体会空间向量在研究立体几何问题中的应用.

2. 知识框图

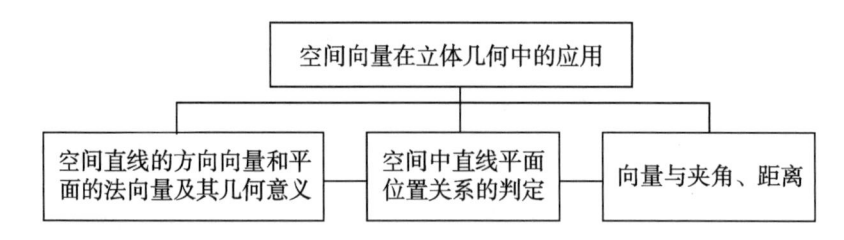

```
            空间向量在立体几何中的应用
           /           |            \
  空间直线的方向向量和   空间中直线平面    向量与夹角、距离
  平面的法向量及其几何意义  位置关系的判定
```

3. 内容解析

本单元是在学生已经学习了平面向量概念、运算的基础上，对空间向量

这个新获得的数学研究对象,从应用的角度研究空间中几何元素之间的位置关系以及解决立体几何中的夹角、距离等问题.

向量是具有大小和方向的量,这一概念既适用于平面,也适用于空间,平面上的向量可以看作空间中的向量,因此空间向量的概念、表示和平面向量没有本质性区别.由于空间中任意两个向量都可以平移到一个平面内,因此空间两个向量的运算可以看作两个平面向量的运算,它们的加法、数乘、数量积运算也没有本质性区别.当然,由于维数的变化,空间向量和平面向量又有差异性.由"自由向量"所决定的空间向量与平面向量的这种关系,使空间向量成为学生可以自学的内容,让学生自学空间向量,也可以促使他们思考空间向量与平面向量的共性和,对维数增加所带来的影响形成切身体验,在此过程中可以提升学生的空间想象力.

通过应用提升对向量方法的认识水平教学中,要注意以具体的立体几何问题为载体,通过问题的解决加深对向量方法立体几何内容的理解,逐步养成"用向量"的习惯.向量方法的教学,一是要注意使用"向量回路"、数乘向量、数量积、向量基本定理等解决空间元素的平行、垂直、角度、长度等问题;二是要强调基本定理的核心地位,其中对"基底"思想的理解是关键.综合运用向量及其运算解决几何问题的过程中,方向向量、法向量的作用很重要,在此过程中需要学生具有较强的几何直观能力.

距离、夹角是两个最基本的几何量,用向量研究距离和夹角问题是向量法的典型应用.从向量的角度看无论是平面还是直线,法向量都是反映垂直方向的最为直观的表达形式.法向量刻画了表示"距离"的线段的方向,法向量的方向和法向量上投影向量的长度既体现了几何直观,又提供了代数定量刻画,因此利用法向量和向量投影可以研究距离问题.角度是空间两个方向差的度量,利用直线的方向向量、平面的法向量可以方便地对夹角作出表达.在用空间向量研究距离和夹角问题中,学生能更深地感悟"基"的思想.

将空间向量的运算与向量的坐标表示结合起来,这样不仅可以解决距离和夹角的计算问题,而且可以使一些问题的解决变得简单.有了空间两点间距离的定义,空间的其他距离问题,即点到直线的距离、平行直线间的距离、点到平面的距离、直线到平面的距离（直线与平面平行）、平行平面间的距离等，都可以通过向量投影、利用勾股定理转化为两点间的距离．其中，非常关键的是要发挥"法向量"的作用．有了两个向量夹角的计算公式，空间基本图形所成角度的问题，即两条直线所成的角、直线和平面所成的角、两个平面所成的角等，也都可以转化为求两个向量夹角的问题．具体求解时，利用直线的方向向量刻画直线的方向，利用平面的法向量刻画平面的方向，从而把空间直线、平面间的夹角问题转化为直线的方向向量、平面的法向量间的夹角问题，然后利用空间向量的数量积运算加以解决．利用空间向量解决立体几何中的距离和角度问题，遵循着用向量解决几何问题的一般套路，即第一步，清晰地描述图形的几何特征和要解决的问题，这就是"先用几何观察"；第二步，结合具体问题合理选择基底，用向量语言描述这些特征和问题，用向量表示立体几何问题中涉及的几何元素，将几何问题转化为向量问题；第三步，通过空间向量的运算，研究空间基本元素的距离、夹角等度量问题；第四步，将运算结果"翻译"成相应的几何结论，立体几何问题得以解决．本单元的教学可以帮助学生进一步理解向量运算、向量基本定理的本质，理解向量运算在解决几何度量问题中的作用，感悟"基"的思想，并运用它解决立体几何中的问题，体会向量法的优势，发展直观想象、数学运算和逻辑推理等素养．

基于以上分析，可以确定本单元的教学重点：

①空间中点、直线和平面的向量表示．

②用向量方法解决空间图形的平行、垂直问题．

③利用投影向量推导点到直线的距离公式和点到平面的距离公式，利用向量的数量积推导直线、平面间的夹角公式，运用向量法解决立体几何问题，感悟"基"的思想．

本单元安排 4 个课时教学．

第 1 课时　空间中点、直线和平面的向量表示；

第 2 课时　空间中直线、平面的平行与垂直；

第 3 课时　用空间向量研究距离问题；

第 4 课时　用空间向量研究角度问题.

二、单元目标和目标解析

1. 单元目标

（1）能用向量语言描述直线和平面，理解直线的方向向量与平面的法向量.

（2）能用向量语言表述直线与直线、直线与平面、平面与平面的夹角以及垂直与平行关系.

（3）能用向量方法证明必修内容中有关直线、平面位置关系的判定定理.

（4）能用向量方法解决点到直线、点到平面、相互平行的直线、相互平行的平面的距离问题和简单夹角问题，并能描述解决这一类问题的程序，体会向量方法在研究几何问题中的作用.

2. 目标解析

达成上述目标的标志是：

（1）借助向量表达和描述直线和平面，会求直线的方向向量与平面的法向量.

（2）能用向量语言表述直线与直线、直线与平面、平面与平面的夹角以及垂直与平行关系.

（3）能用向量法证明必修内容中有关直线、平面位置关系的判定定理，并归纳出一般步骤.

（4）能利用向量投影推导点到直线的距离公式、点到平面的距离公式；能把相互平行的直线间的距离、直线到平面的距离（直线与平面平行）、相互平行的平面间的距离转化为点到直线的距离或点到平面的距离，进而求得该距离，体会用向量方法解决距离问题的优势.

（5）能通过实例归纳出利用向量的数量积求空间两条异面直线所成角的一般方法；能够利用向量的数量积得出直线与平面、平面与平面所成角的计算公式，并用于解决有关夹角的问题，体会利用向量数量积解决空间角度问题的优势.

（6）能归纳出用空间向量解决立体几何问题的基本程序和步骤，并熟练用于解决立体几何中的问题；通过用向量方法、综合几何方法从不同角度解决立体几何问题，体会向量方法的优势以及向量及其运算在解决立体几何问题中的作用，能举例说明如何用"基"的思想分析和解决问题．

三、单元教学问题诊断分析

1. 问题诊断

学生在平面几何中已经对度量问题进行过完整的学习，在"立体几何初步"中，对于空间距离和夹角有了一定的认识，但缺乏整体性、系统性．本章的学习中，已经利用空间向量及其运算、空间向量基本定理等解决了一些简单的立体几何问题，但学生对向量方法的体会还不够深刻，对向量方法的基本程序和步骤也还没有达到熟练运用的程度，特别是在解决综合性问题时，对如何将立体几何问题转化为向量问题缺乏经验和体会．

显然，造成这些困难的原因主要在于学生对向量这个工具的特性还不够了解、对向量方法所蕴含的基本思想领悟不深、积累的活动经验较少，以至于许多学生还不习惯于用向量．所以，这些困难的解决需要假以时日，加强用向量方法解决几何问题的训练．就本单元的学习而言，学生遇到的第一个问题是，把基本图形中的元素与向量联系起来并作出表示，需要用带有构造性的方法，这是学生不熟悉的，解决这个问题需要利用向量投影构造直角三角形．在此过程中要求学生能一般性地把握条件之间的联系，对向量的自由性有比较好的理解和运用，最终要借助空间想象、用向量表达条件．学生遇到的第二个问题是对直线的方向向量、平面的法向量理解不深，还达不到灵活运用的程度，导致缺乏解题思路．例如，对于空间直线、平面所成角的研究，由于角度是对两个方向差的度量，需要利用向量的自由性，把方向向量、法向量等"集中"起来，构造出相应的角，找到与所求角相关的几何元素并用向量表示出来，再利用向量的数量积进行求解．这个过程中，构造方向向量、法向量，把相关的几何元素联系起来等，学生都会存在困难．学生遇到的第三个问题是根据问题的条件选择合适的"基"，这里涉及对条件及其相互关系的准确把握，对一些常用基本立体图形中的几何元素及其相互关系的悉程度，以及经过必要的解题训练才能形成的对"合适的基底"的敏感直觉.

2. 教学难点

（1）利用投影向量推导点到直线的距离公式和点到平面的距离公式.

（2）整体理解空间距离公式和角度公式，用向量方法解决立体几何中的综合问题，通过构造的方法，用抽象的法向量解决问题，选择合适的基底.

四、单元教学支持条件分析

利用动态几何软件作空间图形，呈现几何图形中的几何元素及其关系，帮助学生形成对相应的直线、平面关系的直观认识；利用信息技术展示向量投影的过程，帮助学生构造相关的几何量；借助投影平台展示学生成果等.

五、课时教学设计

第1课时 空间中点、直线和平面的向量表示

▶ 课时教学内容

空间中点、直线和平面的向量表示.

▶ 课时教学目标

1. 会将空间中的点、直线、平面用规范的向量语言表示出来，通过学会空间中的点、直线、平面的向量表示再来研究空间的直线、平面的平行、垂直的关系；

2. 通过恰当选取几何体中的一个向量基底，加深理解向量基本定理，能够用向量规范表示空间中的点、直线、平面，体悟数学"元"思想，发展学生的数学抽象等数学核心素养.

▶ 教学重点与难点

重点：空间中点、直线和平面的向量表示.

难点：恰当选取基底及求平面的法向量.

▶ 教学过程

引导语：前几节课，我们已经把向量从平面推广到空间，并利用空间向

量解决了一些有关空间位置关系和度量的立体几何问题. 在这个过程中，你有没有发现利用空间向量解决立体几何问题的关键是什么？我们来看下面的问题.

问题 1：形成空间几何图形的基本元素是什么？

师生活动：

1. 教师给出问题，提醒学生回顾立体几何初步的内容.

2. 学生独立思考后回答，空间几何图形的基本元素为点、直线、平面.

3. 教师点评.

教师追问：空间几何图形的基本元素点、直线、平面是不能进行运算的，你有什么办法能让不能运算的这些元素对应到一个可运算的领域中？

4. 教师给出问题，提示学生回顾平面解析几何及平面向量的研究方法进行思考.

5. 学生阅读人教版《普通高中教科书 数学 选择性必修 第一册》第 26 页，结合教师提示独立思考后回答问题，教师点评.

6. 教师总结，先用规范的向量语言表示空间中的点、直线、平面，再在向量领域中通过代数运算解决元素之间的位置关系和度量问题.

设计意图：通过组成空间图形要素的提炼，引出点、直线、平面的向量表示.

这样我们得到，空间向量解决立体几何问题的关键是点、直线、平面的向量表示.

首先，让我们一起来研究空间中的点的向量表示.

问题 2：如何用向量表示空间中的一个点 P？

师生活动：

1. 教师提出问题，并展示 PPT，如图 1，提示学生阅读人教版《普通高中教科书 数学 选择性必修 第一册》第 26 页后观察思考，学生代表投影展示所得答案.

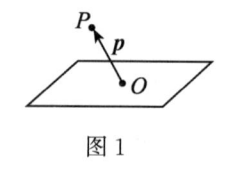

图 1

2. 师生辨析学生展示结果，教师总结：首先，在空间中取一点 O 为"基点"；其次，空间中任意一点 P 的位置由向量 $\overrightarrow{OP}$ 来表示，这样当向量 $\overrightarrow{OP}$ 确定时，点 P 相对于 O 点的方向和距离是确定的，即点 P 的位置确定．因此，我们把向量 $\overrightarrow{OP}$ 称为点 P 的位置向量．

设计意图： 通过空间内点 P 的向量表示 $\overrightarrow{OP}$，即为点 P 的位置，结合 GGB 软件的操作过程，体会点 P 与"基点" O 的一一对应关系．

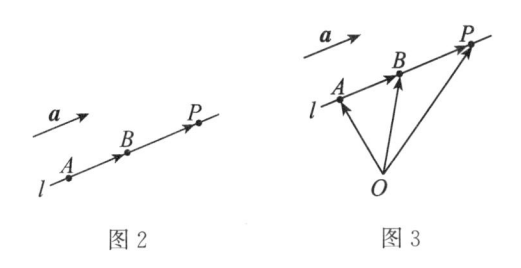

图 2　　　图 3

问题 3：如何通过点的向量表示来解决空间中的直线 l 的向量表示？

师生活动：

1. 教师提出问题并展示 PPT，学生阅读人教版《普通高中教科书 数学 选择性必修 第一册》第 26 页至第 27 页，并回顾立体几何初步知识、平面向量共线定理，教师提示，类比"平面内一点和一个方向可以确定平面内的一条直线"思考空间直线向量表示的方法．

2. 学生得出问题答案并投影展示，学生到讲台前讲解．

3. 教师点评总结，利用向量来表示空间直线方法：能够利用直线 l 上一定点 A 和它的方向向量来确定直线上的任意一点 P，如图 2，又设点 A 为直线 l 上的一个定点，向量 a 是直线 l 的方向向量，如果直线 l 上取向量 $\overrightarrow{AB}$ 等于向量 a，此时对于直线 l 上的任意一点 P，由向量共线的意义可知，点 P 在 l 上的充要条件是：存在实数 t，使 $\overrightarrow{OP}=\overrightarrow{OA}+ta$，①或 $\overrightarrow{OP}=\overrightarrow{OA}+t\overrightarrow{AB}$．②

①式和②式都称为空间直线的向量表示式．

由此可知，空间任意直线，由直线上一点及直线的方向向量唯一确定．

设计意图： 在空间向量表示空间直线的基础上，得出"空间中的一点和一个方向也可以确定空间中的一条直线"，引导学生利用共线定理寻找向量表示直线的方法，学生在探究问题的过程中体悟数形结合数学思想，提升学生的数学抽象等核心素养．

问题 4：通过点、直线的向量表示如何解决空间中平面的向量表示问题？

师生活动：

1. 教师提出问题并展示 PPT，学生阅读人教版《普通高中教科书 数学 选择性必修 第一册》第 27 页至第 28 页，并回顾"两条相交的直线可以确定唯一的一个平面"、平面向量基本定理。

2. 如图 4，学生组内、组外进行讨论，学生代表给出答案投影展示。

3. 师生共同辨析学生展示的答案，教师点评。

4. 教师归纳结论：设两条相交直线的交点为 O，它们的方向向量分别为向量 a 和向量 b，那么，由平面向量基本定理得到，这个平面的任意一点 P，存在唯一的有序实数对 (x, y)，使得向量 $\overrightarrow{OP} = xa + yb$，$x, y \in \mathbf{R}$。①

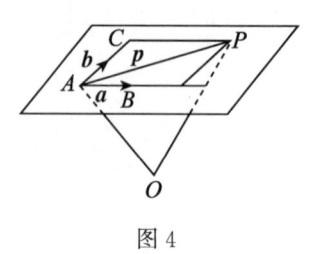

设计意图： 通过平面向量基本定理，恰当选取一组基底，写出平面内任意一点 P 的向量表达式：$\overrightarrow{OP} = xa + yb$ ②，进一步确定平面 α 内的任意一点 P 的向量表示；发展学生数学抽象等数学核心素养。

教师追问：空间中一点 P 位于平面 ABC 内的充要条件是什么？

师生活动：

1. 教师提出问题，学生阅读人教版《普通高中教科书 数学 选择性必修 第一册》第 27 页至第 28 页，并回顾平面向量的基底的确定方法，选取平面 ABC 内的一组基底 $\overrightarrow{AB}, \overrightarrow{AC}$，写出平面内的任意一点 P 的向量表达。

2. 学生代表投影展示答案，师生共同辨析，教师点评。

3. 教师归纳结论：平面内的任意一点 P，存在实数 x, y，使 $\overrightarrow{AP} = x\overrightarrow{AB} + y\overrightarrow{AC}$，由平面向量运算法则得，任取空间任意一点 O，如图 4，分解向量 $\overrightarrow{AP} = \overrightarrow{OP} - \overrightarrow{OA}$，于是，空间一点 P 位于平面 ABC 内的充要条件是存在实数 x, y，使 $\overrightarrow{OP} = \overrightarrow{OA} + x\overrightarrow{AB} + y\overrightarrow{AC}$，③

我们称表达式③为空间平面 ABC 的向量表示。

4. 教师引导，从式子③可以发现，当实数 x, y 发生变化时，$x\overrightarrow{AB} + y\overrightarrow{AC}$ 表示平面 ABC 内所有向量，$\overrightarrow{OA} + x\overrightarrow{AB} + y\overrightarrow{AC}$ 表示以 O 为起点，平面

ABC 内以 P 为终点的向量.

所以，空间中任意平面由空间一点及两个不共线向量唯一确定.

设计意图：通过平面内的任意一点 P 的向量表示，对"存在实数 x，y，使 $\overrightarrow{AP}=x\overrightarrow{AB}+y\overrightarrow{AC}$"有了更深刻的理解，能够得出空间一点 P 位于平面 ABC 内的充要条件是：存在实数 x，y，使 $\overrightarrow{OP}=\overrightarrow{OA}+x\overrightarrow{AB}+y\overrightarrow{AC}$，在学生最近知识发展区完成知识架构，整个过程都在图形的辅助下进行的，使学生体悟数形结合、类比归纳、等价转化等数学思想，发展数学抽象、直观想象、逻辑推理等数学核心素养.

教师追问：如何用一个点和一个向量表示空间中的平面 α？

师生活动：

1. 教师提出问题，提示回顾立体几何知识，用 GGB 软件画图演示.

2. 学生观察思考后，组长组织组内、组外合作讨论，教师指导，学生代表说出成果，师生共同辨析，教师给出点评.

3. 教师结论：法向量定义：直线 $l \perp \alpha$，取直线 l 的方向向量 $\boldsymbol{a}$，我们称向量 $\boldsymbol{a}$ 为平面 α 的法向量. 给定一个点 A 和一个向量 $\boldsymbol{a}$，那么过点 A，且以向量 $\boldsymbol{a}$ 为法向量的平面，可以表示为集合 $\{P \mid \boldsymbol{a} \cdot \overrightarrow{AP} = 0\}$.

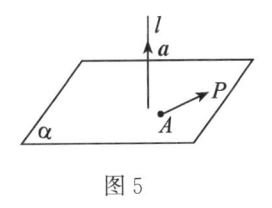

图 5

4. 学生再阅读人教版《普通高中教科书 数学 选择性必修 第一册》第 28 页重新思考、理解"法向量"定义.

设计意图：通过向量表示空间内点、直线、平面的研究方法，学生能够体会其研究路径为：立体几何基本元素—空间几何体基本要素的向量表示—空间向量运算—解决简单的立体几何问题，通过此活动体验，获得向量研究新的数学对象的一般路径，落实"四基"发展"四能"，提升学生数学抽象等数学核心素养.

教师追问：如果另有一条直线 $m \perp \alpha$，在直线 m 上任取向量 $\boldsymbol{b}$，向量 $\boldsymbol{b}$ 与向量 $\boldsymbol{a}$ 有什么关系呢？

师生活动：

1. 教师提出问题，提示回顾相关立体几何知识"由 $l\perp\alpha$，$m\perp\alpha$ 得 $l\parallel m$"，和直线 m 和直线 n 的方向向量 $a\parallel b$.

2. 组长组织组内、组外探究"平面 α 可以由平面内一点和任意法向量确定吗？"小组代表发言，教师点评.

3. 教师总结，如图 6，$\exists\lambda\in\mathbf{R}$，使得 $b=\lambda a$，对于平面 α，

可以表示为满足集合 $\{P\mid a\cdot\overrightarrow{AP}=0\}\Rightarrow\{P\mid\lambda a\cdot\overrightarrow{AP}=0\}\Rightarrow\{P\mid b\cdot\overrightarrow{AP}=0\}$.

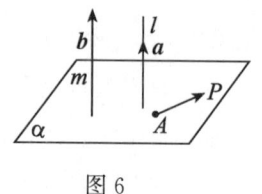

图 6

所以，平面 α 可以由平面内一点和任意法向量唯一确定.

设计意图：通过追问，学生能够对一个平面的向量表示有更深刻的理解，当一个平面确定后，其法向量有无限多个，为后续向量法解决立体几何问题奠定基础.

综合上面所学知识，进行典例解析.

例 1 如图 7，在长方体 $ABCD$-$A_1B_1C_1D_1$ 中，$AB=4$，$BC=3$，$CC_1=2$，M 是 AB 的中点，以 DA，DC，DD_1 所在直线分别为 x 轴，y 轴，z 轴，建立如图所示的空间直角坐标系.

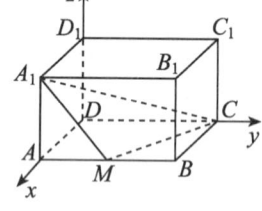

（1）求直线 CD 的方向向量；

（2）求平面 BCC_1B_1 的法向量；

图 7

（3）求平面 MCA_1 的法向量.

问题 5：本题共涉及几个问题，用怎样的方法来解决它们？

师生活动：

1. 教师提出问题，引发学生思考，学生先不看教科书完成审题，尝试给出作答.

2. 生 1 回答，本题共设计三个问题，实际上是求解两类问题，一类问题是求解直线的方向向量；另一类问题是求解平面的法向量.

3. 教师根据学生需要及时引导，并提示学生阅读人教版《普通高中教科书 数学 选择性必修 第一册》第 28 页寻找求法向量的方法，学生给予解答，

教师点评.

4. 教师进行总结，求平面法向量的方法.

设计意图：通过问题驱动，学生能够积极思考用向量法解决立体几何问题的步骤，给了学生解决问题的一般思路，为后续向量的应用奠定了基础；发展了直观想象、数学运算等数学核心素养.

问题6：直线CD还有其他的方向向量吗？平面BCC_1B_1还有其他的法向量吗？

师生活动：

教师抛出问题.

1. 学生小组合作学习，学生代表投影展示自己的结果.

2. 师生共同辨析，教师点评.

3. 教师结论，与$\boldsymbol{n}=(0，1，0)$共线的向量$\overrightarrow{CD}=(0，-4，0)$、$(0，a，0)(a\neq 0)$都可以作为直线$CD$的方向向量，并且它们都是共线向量；因为长方体的特点，所以$C_1D_1\perp$平面BCC_1B_1，这样，平面BCC_1B_1的一个法向量是$\overrightarrow{C_1D_1}=(0，4，0)$、$\overrightarrow{B_1A_1}=(0，4，0)$、$\overrightarrow{BA}=(0，4，0)$、$\boldsymbol{n}=(0，a，0)$$(a\neq 0)$都可以作为平面$BCC_1B_1$的法向量，且这些法向量都是共线向量.

设计意图：通过问题2的探究，学生能够清楚同一条直线的方向向量有无穷多个，它们互相平行，同一个平面的法向量有无穷多个，它们互相平行，加深了学生对方向向量和法向量的理解，能够更好地利用方向向量和法向量解决简单的立体几何问题，培养学生多角度思考问题的能力.

课堂小结

1. 本节课主要学习了哪些知识？

（1）用向量表示点：$\overrightarrow{OP}$.

（2）用向量表示直线：$\overrightarrow{OP}=\overrightarrow{OA}+t\boldsymbol{a}$.

（3）用向量表示平面：$\overrightarrow{OP}=\overrightarrow{OA}+x\overrightarrow{AB}+y\overrightarrow{AC}$，$\{P|\boldsymbol{a}\cdot\overrightarrow{AP}=0\}$，其中$\boldsymbol{a}$是平面的法向量.

2. 本节课主要学习了哪些解决问题的方法？

（1）求直线的方向向量和平面法向量的方法.

(2) 求平面的法向量的步骤.

①设平面的法向量 $\boldsymbol{n}=(x,y,z)$.

②找出（求出）平面内两个不共线的向量的坐标 $\boldsymbol{u}=(a_1,b_1,c_1)$，$\boldsymbol{v}=(a_2,b_2,c_2)$.

③根据法向量的定义建立关于 x,y,z 的方程组 $\begin{cases} a_1x+b_1y+c_1z=0, \\ a_2x+b_2y+c_2z=0. \end{cases}$

④解方程组，取其中一组解，即得平面法向量.

▶ 课后作业

1. 已知直线 l 与平面 α 垂直，直线 l 的一个方向向量为 $\boldsymbol{u}=(1,-3,z)$，向量 $\boldsymbol{v}=(3,-2,1)$ 与平面 α 平行，则 z 等于（　　）.

A. 3　　　　　B. 6　　　　　C. -9　　　　　D. 9

设计意图：通过本题训练，把握学生对直线 l 与平面 α 垂直性质及方向向量概念理解与掌握程度，培养学生直观想象、数学运算等数学核心素养.

2. 在平行六面体 $ABCD$-$A_1B_1C_1D_1$ 中，$AB=\boldsymbol{a}$，$AD=\boldsymbol{b}$，$AA=\boldsymbol{c}$，O 是 BD_1 与 B_1D 的交点，以 $\{\boldsymbol{a},\boldsymbol{b},\boldsymbol{c}\}$ 为空间的一个基底，求直线 OA 的一个方向向量.

设计意图：通过本题训练，把握学生对空间向量基本定理及方向向量的理解和掌握程度，培养学生直观想象、数学运算、逻辑推理等数学核心素养.

3. 在长方体 $ABCD$-$A_1B_1C_1D_1$ 中，$AB=4$，$BC=3$，$CC_1=2$. 以 D 为原点，以 $\left\{\dfrac{1}{3}\overrightarrow{DA},\dfrac{1}{4}\overrightarrow{DC},\dfrac{1}{2}\overrightarrow{DC_1}\right\}$ 为空间的一个单位正交基底，建立空间直角坐标系 $O-xyz$. 求平面 ACD 的一个法向量.

设计意图：通过本题，把握学生对空间基底、单位正交基底及平面的法向量概念的理解程度，利用坐标运算求平面的法向量，体会向量法解决几何问题的优势，培养学生的数学直观想象、数学运算、逻辑推理等数学核心素养.

教学设计 2　2.2　直线的方程

一、单元内容和内容解析

1. 内容

确定直线位置的几何要素，直线方程五种形式：点斜式、斜截式、两点式、截距式、一般式.

2. 知识结构图

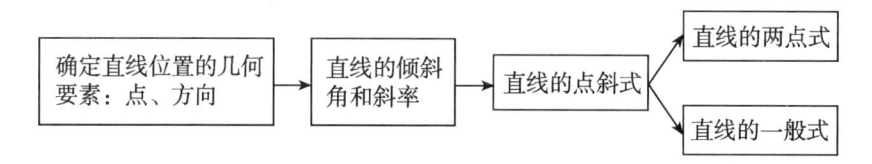

确定直线位置的几何要素：点、方向 → 直线的倾斜角和斜率 → 直线的点斜式 → 直线的两点式／直线的一般式

3. 内容解析

（1）内容本质

直线的方程是直角坐标系中直线的代数表示，是确定直线位置几何要素的完全代数刻画. 虽然倾斜角是刻画直线倾斜程度的几何要素，但它无法直接用直线上任意两点的坐标定量刻画，而倾斜角的正切值可以用直线上任意两点的坐标定量刻画，这种刻画为我们研究直线带来方便.

直线的点斜式方程是经过两点的直线斜率公式的一种"变式"表达，表达的是直线上任意一点坐标与直线的斜率以及所经过的定点坐标之间所满足的代数关系式. 直线的方程一方面表示直线上点的坐标都满足这个方程，另一方面表示满足这个方程的解为坐标的点都在这条直线上.

直线的点斜式方程是直线其他形式方程的基础，两点式一方面是点斜式的"变式"表达，另一方面也是对"两点确定一条直线"的代数刻画. 这些方程都以斜率公式为纽带，将直线上任意一点与确定直线位置的几何要素联系起来，表达了直线上的点的坐标所满足的代数关系. 直线的一般式方程揭示了直线方程的代数本质. 任意一个二元一次方程表示一条直线，任意一条直线都可以用一个二元一次方程表示．点斜式方程、两点式方程都可以化为一般式方程．

(2) 蕴含的思想方法

直线方程的建立过程是在坐标系中完成的，两个点或一个点加一个方向便可确定一条直线，坐标法将这些几何要素代数化．

用方程表示直线，实现对直线的"运算"，将直线方程"形象化"为直线，实现了对方程的直观化表达，蕴含了丰富的数形结合思想．

本单元同时还蕴含着特殊与一般、分类与整合、化归与转化等数学思想方法．

(3) 知识的上下位关系

本单元在完成了对直线的重要几何要素之一（方向）的代数刻画之后，对直线进行完全的代数刻画．这是学生第一次系统地用坐标法刻画一个几何对象，是学生学习和掌握坐标法的重要一环，是后续用坐标法学习圆、椭圆、双曲线、抛物线的方程的基础．

在后续的学习中，会进一步使用直线方程对直线的交点坐标、点到直线的距离、平行直线间的距离进行定量计算．

而对坐标法的进一步掌握，还会在"反哺"函数与向量的学习中起到一定的作用．

(4) 育人价值

通过直线方程概念的学习，发展学生的数学抽象核心素养．

通过直线方程及适用范围的学习，发展学生的逻辑推理、数学运算核心素养．

通过不同问题对直线的几何特征的关注，采用不同的直线方程求解问题，发展学生直观想象核心素养．

(5) 教学重点

探究并掌握直线方程的几种形式，体会坐标法．

本单元安排 4 个课时教学．

第 1 课时　直线的倾斜角与斜率；

第 2 课时　直线的点斜式方程；

第 3 课时　直线的两点式方程；

第 4 课时　直线的一般方程.

(6) 教学难点

①对直线的点斜式方程的重要性的认识与运用.

②建立起直线与二元一次方程间的对应关系.

二、单元目标及其解析

1. 目标

(1) 能够完成对确定直线位置的几何要素的探索，掌握直线的点斜式方程及应用.

(2) 能够从直线的点斜式方程出发，完成对直线两点式方程的自主探究.

(3) 能够明了直线与二元一次方程的关系，掌握直线的一般式方程.

(4) 了解直线不同形式方程间的关系，进一步体会坐标法.

2. 目标解析

达成上述目标的标志是：

(1) 经历直线的点斜式方程的推导过程，知道点斜式方程是经过两点的直线斜率公式的一种"变式"表达，知道斜截式方程是点斜式方程的特例. 会根据已知点的坐标以及直线的斜率写出直线的点斜式方程，并能够与斜截式方程相互转化.

(2) 经历直线的两点式方程的推导过程，知道两点式方程是直线点斜式方程的一种"变式"表达，知道截距式方程是两点式方程的特例. 会根据两点坐标写出直线的两点式方程，并能够与截距式方程相互转化.

(3) 知道点斜式方程是其他所有形式方程的基础，通过对一般式方程的分析，能够把一般式方程转化为点斜式方程后，认识到任意一个二元一次方程都表示一条直线，任意一条直线都可以用一个二元一次方程表示.

(4) 知道直线方程是对直角坐标系中直线几何特征的代数刻画. 知道直线上所有的点的坐标都满足这个方程，以这个方程的解为坐标的点都在这条直线上.

（5）能说出平面直角坐标系中不同直线的几何特征并选择合适的形式写出直线方程. 能说出直线的点斜式、斜截式、两点式、截距式方程中相关要素的几何意义，能进行不同形式方程的转化并解决有关问题.

三、单元教学问题诊断分析

在本单元中学生将第一次在平面直角坐标系中用代数形式刻画一个几何对象，这一过程中学生对什么是直线的方程，什么是方程的直线，缺乏认知，这是本单元教学的难点. 因此在教学中应清晰地完成一次对以二元一次方程的解为坐标的点都在所求的直线上的证明.

学生能否在前面学习直线的倾斜角及斜率的基础上，形成对坐标法的初步认识，完成对直角坐标系中确定直线位置的几何要素的分析，建立直线上任意一点（所有点）与这些要素之间的关系，得出坐标满足的代数关系式，这对学生的数学抽象、数学运算、逻辑推理等核心素养都提出了较高的要求. 教学中，在第一课时学生从直线的斜率公式出发探究直线的点斜式方程. 在第二课时，则应引导学生在第一课时的基础上，由直线的点斜式出发，探究直线的两点式方程.

学生能否认识到直线的点斜式方程的重要性，能否通过两点的直线斜率公式的"变式"表达建立直线的点斜式方程，进而认识到直线的两点式直线方程是点斜式方程的"变式"表达，而直线斜截式方程、截距式方程则分别是直线的点斜式方程、两点式方程的特例，能否建立起直线方程不同形式的内在联系，是本单元教学需要着重解决的问题. 在教学上应设置不同的问题背景，引导学生们根据直线上任意一点（所有点）的几何特征，选择不同的直线方程，让学生经历对直线方程的"同解变形"，解决相应问题. 要帮助学生建立从分析确定直线位置的几何要素入手，完成对这些几何要素的代数刻画；结合对直线一般式方程与点斜式方程之间的转化，体会直线的方程和方程的直线之间的关系，形成以数与形两个角度对研究对象进行研究的思维方法.

四、教学支持条件分析

学生在前面的课堂上，完成了对直线的倾斜角及斜率的学习；在高一的数学必修课程中的函数、平面向量、复数等知识的学习，学生积累了一定的坐标法经验，教师结合几何画板，呈现并引导学生体验直线的几何要素与直线方程之间的相互关系.

五、单元课时教学设计

第 2 课时　直线的点斜式方程

▶ 课时教学内容

直线的点斜式方程、直线的斜截式方程.

▶ 课时教学目标

（1）能根据确定直线位置的几何要素：点和方向，经历利用斜率公式探索得到直线点斜式方程的过程，认识点斜式方程的意义.

（2）能将点斜式方程中涉及的几何要素"点"特殊化，探索并得到直线的斜截式方程.

（3）能表述利用坐标法将平面上直线代数化，并得到直线方程的基本过程，知道建立直线方程的意义与价值.

▶ 教学重点与难点

教学重点：直线的点斜式方程.

教学难点：推导直线的点斜式方程、直线的斜截式方程与一次函数的关系.

▶ 教学过程

环节一　新课导入

问题 1：怎样确定一条直线？

师生活动：学生自主思考，举手回答，教师总结指出除了两点确定一条直线，给定一点和一个方向也可以唯一确定一条直线. 这样，在平面直角坐标系中，给定一个点 $P_0(x_0, y_0)$ 和斜率 k（或倾斜角），就能唯一确定一条直线. 也就是说，这条直线上任意一点的坐标 (x, y) 与点 P_0 的坐标 (x_0, y_0) 和斜率 k 之间的关系是完全确定的，引出本节课的课题.

设计意图：通过对确定直线的几何要素的分析，让学生先从几何直观入手思考确定直线的几何要素，为下面引导学生从坐标法的思想思考这些几何要素用代数表示进行铺垫.

环节二　探索新知

问题 2：如右图，直线 l 经过点 $P_0(x_0, y_0)$，且斜率为 k. 设 $P(x, y)$ 是直线 l 上不同于点 P_0 的任意一点，请建立 x, y 与 k, x_0, y_0 之间的关系.

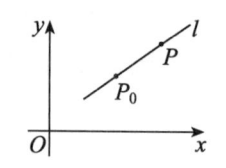

师生活动：教师提问，学生分组讨论，得到根据斜率公式得 $k = \dfrac{y - y_0}{x - x_0}$，即 $y - y_0 = k(x - x_0)$.

设计意图：通过学生自主探究用点和斜率表示直线的方法，培养学生自主探索的能力，并体会直线的方程就是直线上任意一点的坐标满足的关系式，从而掌握根据条件求直线方程的方法.

追问 1：如何说明直线上的点满足方程？满足方程 $y - y_0 = k(x - x_0)$ 的点是否一定在直线上？

师生活动：教师提问，学生思考回答，教师引导学生从"完备性"和"纯粹性"两个角度验证直线的点与直线方程的一一对应关系，给出直线的点斜式方程的概念.

由上述推导过程可知：

(1) 直线 l 上每一个点的坐标 (x, y) 都满足关系式 $y - y_0 = k(x - x_0)$.

(2) 反过来，若点 $P_1(x_1, y_1)$ 的横纵坐标 x_1, y_1 满足关系式 $y - y_0 = k(x - x_0)$，则 $y_1 - y_0 = k(x_1 - x_0)$.

当 $x_1 = x_0$ 时，$y_1 = y_0$，这时点 P_1 与 P_0 重合，显然有点 P_1 在直线 l 上；

当 $x_1 \neq x_0$ 时，有 $k = \dfrac{y_1 - y_0}{x_1 - x_0}$，这表明过点 P_1, P_0 的直线 l_1 的斜率为

k. 因为直线 l，l_1 的斜率都为 k，且都过点 P_0，所以它们重合. 所以，点 P_1 在直线 l 上.

由（1）(2) 可得：坐标满足关系式 $y-y_0=k(x-x_0)$ 的点一定在直线 l 上；直线 l 上任意一点的坐标一定满足关系式 $y-y_0=k(x-x_0)$. 我们把方程 $y-y_0=k(x-x_0)$ 称为过点 $P_0(x_0, y_0)$，斜率为 k 的直线 l 的方程.

定义：方程 $y-y_0=k(x-x_0)$ 由直线上一个定点 (x_0, y_0) 及该直线的斜率 k 确定，我们把它叫作直线的点斜式方程，简称点斜式.

追问 2：点斜式方程可以表示所有直线吗？

师生活动：学生互相讨论，指出点斜式不能表示倾斜角为 90° 的直线，教师引导学生将点斜式不能表示的直线方程写出来.

如右图，当直线 l 的倾斜角为 90° 时，由于 $\tan 90°$ 无意义，直线没有斜率，这时直线 l 与 y 轴平行或重合，它的方程不能用点斜式表示. 又因为这时直线 l 上每一点的横坐标都等于 x_0，所以它的方程是 $x-x_0=0$，即 $x=x_0$.

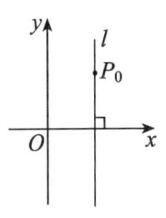

问题 3：如何表示过点 $P_0(0, b)$，斜率为 k 的直线 l 的方程？

师生活动：教师提问，学生根据点斜式方程的定义独立求出直线 l 的方程：$y=kx+b$，在此基础上，教师给出斜截式的概念，引导学生分析该方程由哪两个条件确定，让学生理解斜截式方程的内涵，并给出斜截式方程的定义.

我们把直线 l 与 y 轴的交点 $(0, b)$ 的纵坐标 b 叫做直线 l 在 y 轴上的截距. 这样，方程 $y=kx+b$ 由直线的斜率 k 与它在 y 轴上的截距 b 确定，我们把方程 $y=kx+b$ 叫做直线的斜截式方程，简称斜截式. 其中，k 和 b 均有明显的几何意义：k 是直线的斜率，b 是直线在 y 轴上的截距.

设计意图：通过对过特殊点 $P_0(0, b)$ 的直线的方程的求解，加深对直线的点斜式方程的定义的理解和应用，同时通过该问题引入直线的斜截式方程，理解斜截式方程与点斜式方程的联系，知道斜截式方程是点斜式方程的一种特殊情形.

追问 1：观察方程 $y=kx+b$，它的形式有什么特点？

追问 2：直线 $y=kx+b$ 在 x 轴上的截距是什么？截距是距离吗？

师生活动：学生思考问题、讨论，教师评价，深入理解和掌握斜截式方程的特点，了解截距是一个实数，可正、可负、可零，而距离是一个非负实数.

设计意图：通过对斜截式方程形式特点的分析，让学生学会从方程的形式上、参数的意义上来观察、分析方程的特征，了解直线的截距与距离的不同，能够从数和形的角度来分析问题，发展学生直观想象的核心素养.

问题4：直线 l 经过点 $P_0(-2,3)$，且倾斜角 $\alpha=45°$，求直线 l 的点斜式方程，并画出直线 l.

师生活动：教师提问，引导学生思考用点斜式求直线方程应具备哪些条件，分析题目已经给出哪些条件，哪些条件还有待去求，指导学生根据直线的几何要素画出直线，并和学生一起分析直线的几何要素与方程的关系.

设计意图：让学生明确用点斜式求直线方程必须具备两个条件：定点和斜率，同时掌握已知直线方程画直线的方法.

环节三　例题精析

问题5：已知直线 $l_1: y=k_1x+b_1$，$l_2: y=k_2x+b_2$，试讨论：

（1）$l_1 /\!/ l_2$ 的条件是什么？

（2）$l_1 \perp l_2$ 的条件是什么？

师生活动：教师引导学生分析，从几何直观到代数特征，探究两条直线平行和垂直时，k_1，k_2，b_1，b_2 的关系.

设计意图：掌握从直线方程的角度判断两条直线相互平行或垂直的条件，进一步理解斜截式方程中 k，b 的几何意义.

环节四　课堂小结

教师提出问题供学生思考：

问题6：（1）本节课学了哪些知识？

（2）直线的方程点斜式、斜截式的形式特点和适用范围分别是什么？

（3）求一条直线的方程，需要哪些条件？

师生活动：学生回顾整节课内容，教师引导学生总结归纳.

设计意图：使学生对本节课所学的知识有整体性的认识，了解知识的来龙去脉.

◐ 目标检测设计

1. 若直线 l 的倾斜角为 $45°$，且经过点（2，0），则直线 l 的方程是（　　）.

A. $y=x+2$　　　　　　　　B. $y=x-2$

C. $y=\dfrac{\sqrt{3}}{3}x-\dfrac{2\sqrt{3}}{3}$　　　　D. $y=\sqrt{3}x-2\sqrt{3}$

设计意图：点斜式求解直线方程的应用，诊断学生能否理解建立直线方程的基本方法，正确利用点斜式公式求直线的方程，达到水平一的要求.

2. 已知直线的倾斜角为 $60°$，在 y 轴上的截距为 -2，则此直线的方程为（　　）.

A. $y=\sqrt{3}x+2$　　　　　B. $y=-\sqrt{3}x+2$

C. $y=-\sqrt{3}x-2$　　　　D. $y=\sqrt{3}x-2$

设计意图：给出倾斜角和截距求方程，诊断学生能否在给定条件下合理选择直线的方程形式求直线的方程，达到水平一的要求.

3. 直线 $y=kx+b$ 经过第一、三、四象限，则有（　　）.

A. $k>0$，$b>0$　　　　　B. $k>0$，$b<0$

C. $k<0$，$b>0$　　　　　D. $k<0$，$b<0$

设计意图：根据直线特征判别参数范围，诊断学生是否能够由直线的方程的结构特征抽象出直线的性质，达到水平二的要求.

◐ 课后作业

1. 已知直线的方程为 $y+2=-x-1$，则（　　）.

A. 该直线过点（-1，2），斜率为 -1

B. 该直线过点（-1，2），斜率为 1

C. 该直线过点（-1，-2），斜率为 -1

D. 该直线过点（-1，-2），斜率为 1

2. 经过点（-3，2），倾斜角为 $60°$ 的直线方程是（　　）.

A. $y+2=\sqrt{3}(x+2)$　　　B. $y-2=\dfrac{\sqrt{3}}{3}(x-3)$

C. $y-2=\sqrt{3}(x+3)$ D. $y+2=\dfrac{\sqrt{3}}{3}(x-3)$

3. 已知直线 l 过点 $(-3,0)$，且与直线 $y+1=2x$ 垂直，则直线 l 的方程为（　　）.

A. $y=-\dfrac{1}{2}(x-3)$

B. $y=-\dfrac{1}{2}(x+3)$

C. $y=\dfrac{1}{2}(x-3)$

D. $y=\dfrac{1}{2}(x+3)$

4. 已知直线 l 的倾斜角是直线 $y=x+1$ 的倾斜角的 2 倍，且过点 $P(5,6)$，则直线 l 的方程为_____.

5. 已知点 $A(3,3)$ 和直线 $l: y=\dfrac{3}{4}x-\dfrac{5}{2}$.

(1) 求过点 A 且与直线 l 平行的直线的点斜式方程；

(2) 求过点 A 且与直线 l 垂直的直线的点斜式方程.

设计意图： 掌握用定点和斜率求直线方程的方法，会利用平行与垂直的结论解决相关问题，通过完成作业巩固所学知识.

教学设计 3   3.1   圆锥曲线

一、单元内容和内容解析

1. 内容

椭圆、双曲线、抛物线三种圆锥曲线的定义、标准方程、简单几何性质以及简单应用.

```
                    用平面截圆锥
                   （圆锥曲线的实际背景）
          ┌─────────────┼─────────────┐
        椭圆          双曲线          抛物线
          └─────────────┼─────────────┘
                        ↓
   ┌─────┐      三种圆锥曲线的定义
   │第一板块│           ↓            坐标法
   └─────┘      三种圆锥曲线的标准方程      ┌──────┐
                        ↓              │ 范围  │
   ┌─────┐                              │ 顶点  │
   │第二板块│─── 三种圆锥曲线的几何性质 ───│ 对称性 │
   └─────┘                              │ 离心率 │
                        ↓              │ 渐近线 │
   ┌─────┐                              │（双曲线）│
   │第三板块│─── 三种圆锥曲线的应用      └──────┘
   └─────┘
```

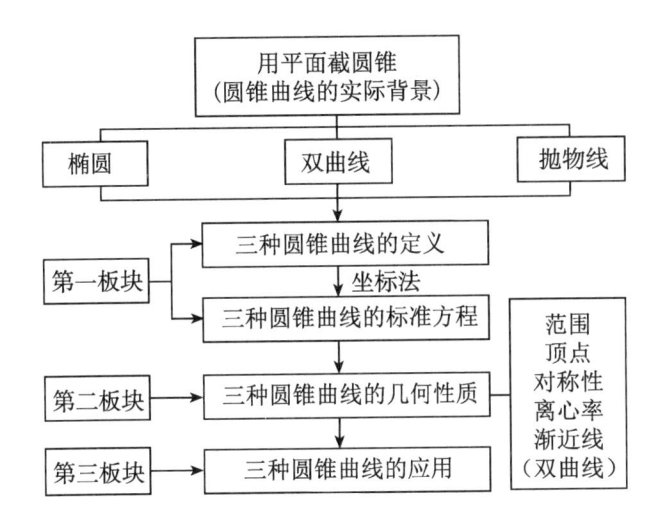

第一板块安排 4 课时，其中椭圆及其标准方程 2 课时，双曲线及其标准方程 1 课时；抛物线及其标准方程 1 课时；

第二板块安排 6 课时，其中椭圆的简单几何性质 2 课时，双曲线的简单几何性质 2 课时，抛物线的简单几何性质 2 课时；

第三板块安排 3 课时．

2．内容解析

（1）内容本质

本单元研究对象是圆锥曲线（几何图形），研究过程中，数形结合思想和坐标法统领全局．通过展示行星运行轨道、抛物线运动轨迹等，了解圆锥曲线的背景与应用，按照"圆锥曲线的研究路径：了解曲线的背景—抽象曲线的概念—根据曲线的几何特征建立曲线的方程—运用代数法研究曲线的几何性质—曲线的简单应用"的过程展开．

本单元是在学生学习了"直线与圆的方程"，初步掌握了利用坐标法研究几何问题的基础上，进一步运用坐标法研究圆锥曲线，是学生确立"以形助数，以数解形"这一数形结合思想的重要载体，也是学生初步确立普遍联系的辩证唯物主义认识观的重要载体．

从内容本质看，本单元包含以下三个板块．

第一板块：用代数语言描述几何对象．

该板块的内容重点在指导学生利用研究直线与圆的方法研究如何在坐标系中用代数方法刻画椭圆、双曲线和抛物线，其中椭圆、双曲线部分的研究方法与直线与圆的研究方法（包括建系等）基本一致．因此，这块内容的教学以学生自主探究为主，教师仅仅在方程化简等关键地方辅之以必要的指导；而抛物线只有一条对称轴，与之前学的直线与圆有较大的差异，坐标系的建立是一个新问题，学生学习难度较大，这部分的教学教师应给予充分的指导．

教学时应关注曲线与方程的关系，关注其纯粹性与完备性．在潜移默化中体验曲线与方程之间的一一对应关系，进一步理解通过方程研究曲线几何性质的合理性，培养理性思维．

第二板块：用代数方法研究几何对象的简单几何性质．

该版块的内容从椭圆、双曲线、抛物线的标准方程入手，从代数运算的角度研究它们的简单几何性质．和第一版块类似，由于直线与圆在由方程研究曲线性质方面还仅仅是初步涉及，尚未深入研究，还没有形成研究的"套路"．因此，从某种意义上说，椭圆的简单几何性质可以看作是用方程研究曲线性质的起始课，因此这部分的教学以教师指导为主，重点在引导、示范；而双曲线、抛物线简单几何性质的研究可以借助研究椭圆简单几何性质的方法来进行，因此本部分的学习是椭圆简单几何性质研究方法的应用，所以本部分的教学可以在教师的引领下，由学生组成研究小组来完成．

第三板块：圆锥曲线的初步应用．

该板块的内容通过合作解决一些来自数学情境和实际情境中的问题，让学生体会解析几何的意义与作用．此外，通过对解析几何方法和综合几何方法的对比，感悟两者的相同之处与不同之处，并感悟各自的长处．另外，在本阶段的学习中，还应渗透对学生规范表达（口头表达、书面表达）方面的要求．

（2）蕴含的思想方法

对于圆锥曲线的研究，坐标法是基本方法，数形结合是基本思想．在解决问题的过程中，类比、特殊化与一般化、化归与转化等也发挥着重要作用．

本单元所要解决的问题仍然是解析几何的"两个基本问题"：建立曲线的

方程，通过方程研究曲线的几何性质．一是"从形到数"——从具体情境中观察圆锥曲线的几何特征，再根据几何特征建立标准方程；二是"由数到形"——利用方程、通过代数运算进一步研究它的几何性质，研究过程展示了"以形助数，以数解形"的认知过程，充分体现出"研究对象在变，研究套路不变，思想方法不变"的特征，体现解析几何用代数运算解决几何问题的一般观念．

（3）知识的前后联系

从知识的前后联系看，一是研究方法的延续，进一步运用坐标法，用代数运算建立数与形的联系．二是研究内容的联系，建立在直线与圆的方程的基础上，圆锥曲线的定义与圆的定义相似，是基于运动轨迹的．椭圆定义的要点是"平面内到两个定点的距离之和为常数的点的轨迹"，双曲线定义的要点是"平面内到两个定点的距离之差的绝对值为常数的点的轨迹"，表现出高度的简洁、和谐之美．再把抛物线定义的要点"平面内到一个定点与到一条定直线的距离相等的点的轨迹"放到一起，可以发现它们是几何学的本质的直接体现——"几何的本质在于度量，度量的本质在于长度"．

通过基本运算给出距离（长度）间的确定关系，可以全面提升学生对数学的认识水平，形成新的数学学科视角，提高数学表达的条理性和严谨性．

（4）育人价值

圆锥曲线的发现和研究起源于古希腊，那时人们非常喜欢这种简朴而完美的曲线．开普勒三大定律是近代科学开天辟地的重大突破，它不仅开创了天文学的新纪元，而且也是牛顿万有引力定律的根源所在．所以，圆锥曲线不仅是几何学中的完美对象，也是大自然的基本规律中所自然选用的精要之一，从中可以领悟数学与大自然的和谐之美．通过圆锥曲线的学习，可以从中充分认识数学的科学价值、应用价值、文化价值和审美价值，把理性思维、科学精神的培养落到实处．

本单元强调用代数运算研究几何图形的方法，体会代数运算与逻辑推理的融合．圆锥曲线与方程的对应关系，是培养学生理性思维的载体；对圆锥曲线几何性质的研究，有助于学生学会合乎逻辑地、有条理地、严谨地思考和解决问题,有助于发展学生数学抽象、数学建模、逻辑推理、数学运算、直观想象等方面的素养.

(5) 教学重点

圆锥曲线的定义及其标准方程;圆锥曲线的几何性质;圆锥曲线的简单应用.

(6) 教学难点

①椭圆标准方程的推导,用代数方法研究圆锥曲线性质的一般意义的理解.

②双曲线渐近线的理解.

③圆锥曲线的简单应用.

二、单元目标和目标解析

1. 目标

(1) 了解圆锥曲线的实际背景,感受圆锥曲线在刻画现实世界和解决实际问题中的作用;经历从具体情境中抽象出椭圆的过程,掌握椭圆的定义;了解抛物线与双曲线的定义及几何图形;能根据椭圆、双曲线和抛物线的图形特征选择适当的直角坐标系,建立它们的方程.

(2) 能根据椭圆、双曲线及抛物线的标准方程,从代数的角度研究其简单几何性质.

(3) 会用解析法研究直线及圆锥曲线的有关问题;了解椭圆、抛物线的简单应用.

2. 目标解析

达成上述目标的标志是:

(1) 学生能通过观察,用平面截取圆锥得到曲线的过程,直观认识截口曲线是圆,或者是圆锥曲线,能通过实例说明圆锥曲线在生产、生活中的广泛应用.

(2) 学生能从画椭圆的过程中抽象出椭圆的几何特征,给出椭圆的定义;能类比椭圆的定义,通过信息技术绘制满足条件的点轨迹,认识双曲线或者抛物线的几何特征，得出双曲线以及抛物线的定义.

（3）学生通过类比直线与圆的研究过程，学会用代数方法刻画椭圆和双曲线，推导出椭圆及双曲线的方程；并通过观察抛物线的几何特性，在教师的引导下建立恰当的坐标系，推导出抛物线的方程.

（4）学生会类比直线的方程、圆的方程研究它们的几何性质，借助椭圆的方程，用代数方法研究椭圆的简单几何性质；能说出用代数方法探究圆锥曲线几何性质的基本思路，体会解析几何中代数运算可以对曲线的形进行准确地刻画. 总结用曲线方程研究曲线性质的方法，发展数学抽象、直观想象、数学运算、逻辑推理素养.

（5）学生通过类比椭圆中运用方程研究椭圆几何性质的过程，研究双曲线和抛物线的几何性质.

（6）学生能运用解析法，通过圆锥曲线的定义、标准方程及简单几何性质解决一些数学问题和简单的实际问题，进一步体会坐标法的重要作用.

三、单元教学问题诊断分析

教学问题 1：如何化简由椭圆的几何特征直接得到的方程，化简这个方程需要两次平方，并且涉及的字母多，对学生的运算能力要求较高，是教学中的一个难点.

破解方法：为破解此难点，引导学生观察等式 $\sqrt{(x+c)^2+y^2}+\sqrt{(x-c)^2+y^2}=2a$ 的结构特点，预测两边直接加平以及先移项后两边平方，判断两个后续计算哪个方法上更为简便，再动手运算. 教学时，教师通过板书带领学生进行运算，注重引导示范运算过程，为后续化简双曲线的方程奠定基础.

教学问题 2：运用坐标法求抛物线的标准方程时，由于抛物线只有一条对称轴，与椭圆双曲线有较大的差异. 学生会选择其对称轴为坐标轴，但是对坐标原点的选择会有不同的选择，如何引导学生选择恰当的位置建系，得出简洁对称方程是教学的一个难点.

破解方法：为破解此难点，教学中设置让学生自主探究，充分发挥学生的主观能动性，让学生自主选择抛物线的顶点，或者抛物线的焦点或其他点等作为坐标原点，并引导学生类比二次函数的图象思考，如何才能让所得的方程简洁对称.

教学问题 3：在直线与圆的学习中，由方程研究曲线性质方面还仅仅是初步涉及，从某种意义上说，椭圆的简单几何性质可以看作是用方程研究曲线性质的起始课. 从椭圆的方程直接研究椭圆的几何性质是教学的一个难点.

破解方法：为破解此难点，这部分的教学以教师引导为主，重点在于引导、示范；从椭圆的方程出发，引导学生如何通过方程转化画出椭圆，以及通过方程的解析得出椭圆的范围、对称性、顶点等几何性质，再借助信息技术手段观察椭圆的离心率与椭圆的基本量 a、c 的关系. 而双曲线、抛物线简单几何性质的研究完全可以借助研究椭圆简单几何性质的方法来进行.

教学问题 4：双曲线渐近线的理解也是教学的一个难点.

破解方法：为破解此难点，充分发挥"几何眼光"的作用，通过直观感知，并类比函数图象中相关经验帮助学生理解. 借助信息技术手段进行动态演示，让学生直观地看到，当曲线右支上的点横坐标增大时，它到渐近线的距离 d 越来越小.

四、单元教学支持条件分析

借助平面截取圆锥的实物模型，初步了解圆锥曲线内在的统一性.

借助几何画板、GGB 等软件演示用平面截取圆锥曲线的过程，演示由圆通过"压缩、拉伸"得到椭圆，演示椭圆的扁平程度的变化与离心率的关系等；通过信息技术工具获取双曲线，通过改变两个定点间的距离或直线上的定长线段的长度，认识双曲线的几何特征；同理通过信息技术手段绘制抛物线，观察抛物线的几何特征.

五、课时教学设计

第 4 课时 抛物线及其标准方程

▶ 课时教学内容

抛物线的概念、标准方程及其简单应用.

▶课时教学目标

(1) 能从几何情境中认识抛物线的几何特征,能用自己的语言归纳出抛物线的定义,明确抛物线定义中对定点和定直线的位置关系的限制,积累数学抽象的经验,发展数学抽象素养.

(2) 能类比椭圆、双曲线的标准方程的建立过程,运用坐标法推导出抛物线的标准方程,提升数学类比迁移能力.

(3) 利用待定系数法求解抛物线的标准方程,熟悉抛物线标准方程的四种形式,并能根据具体的条件合理选择运算路径,发展直观想象、数学运算素养.

▶教学重点与难点

教学重点:抛物线概念的抽象和标准方程的建立.

教学难点:抛物线几何特征的发现.

▶教学过程

环节一 情景导入,提出问题

创设情境: 视频展示 CBA 全明星三分球大赛的场景(数学史资料:十七世纪意大利科学家伽利略用"抛物线"形容从手中抛出的小球在空中形成的轨迹).

问题1:通过前面的学习可以发现,平面内如果动点 M 到定点 F 的距离与 M 到定直线 l(不过点 F)的距离之比为 k,当 $0<k<1$ 时,点 M 的轨迹为椭圆;当 $k>1$ 时,点 M 的轨迹为双曲线. 一个自然的问题是:当 $k=1$ 时,即动点 M 到定点 F 的距离与它到定直线 l 的距离相等时,点 M 的轨迹会是什么形状?下面我们就来研究这个问题.

师生活动: 教师提问,学生思考.

设计意图: 从圆锥曲线的第二定义(前面两节都有相关例题介绍)出发,自然提出问题,引导学生思考,为引入抛物线的定义作认知上的铺垫.

环节二 抛物线概念的抽象概括

问题2:准备一张长方形白纸,按如下方法折叠(布置为课前作业).

第一步，在长方形内取一点 F；

第二步，在长方形的一边依次取出点 $H_i(i=1, 2, \cdots, n)$；

第三步，过点 $H_i(i=1, 2, \cdots, n)$ 作出该边的垂线，记为 $l_i(i=1, 2, \cdots, n)$，并用虚线画出该直线；

第四步，将长方形纸折叠，使得点 F 与点 H_i 重合，折痕与 l_i 的交点记为 $M_i(i=1, 2, \cdots, n)$ 点；

第五步，用光滑曲线将这些交点 $M_i(i=1, 2, \cdots, n)$ 顺次连接起来.

作图思考：(1) 线段的垂直平分线上的点到线段两个端点的距离_____.

(2) 点 M_i 与线段 H_iF 两个端点的距离_____，即 $|MH_i|$ _____ $|MF|$.

师生活动：学生通过折纸游戏，动手操作描绘图形并思考以下问题.

(1) 曲线是由哪个点的运动产生的？该点是如何获得的？

(2) 线段 MF 和线段 MH 的几何意义分别是什么？

(3) 点 M 的运动过程中，变化的量有哪些？变化顺序如何？变化中是否存在不变的关系？

(4) 直线 MH 位置在变化，但它与直线 l 始终保持怎样的位置关系？

(5) 怎样用等量关系刻画点 M 的运动？

追问1：利用信息技术作图，F 是定点，l 是不经过点 F 的定直线. H 是直线 l 上任意一点，过点 H 作 $MH \perp l$，线段 FH 的垂直平分线 m 交 MH 于点 M. 拖动点 H，点 M 随之运动，你能发现点 M 满足的几何条件吗？它的轨迹是什么形状？

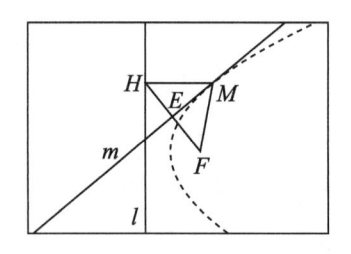

师生活动：教师拖动点 H，展示 M 点的运动过程，学生观察点 M 的轨迹，从而得到抛物线的定义：

我们把平面内与一个定点 F 和一条定直线 l（l 不经过点 F）的距离相等的点的轨迹叫作抛物线，点 F 叫作抛物线的焦点，直线 l 叫作抛物线的准线．

追问 2：作 $KF \perp l$，设 $p=|KF|$，p 的几何意义是什么？p 对抛物线的形状有什么影响？

追问 3：如果 $|KF|$ 继续变小至 0 即定点 F 在定直线 l 上，那么动点 P 的轨迹是什么？为什么？

设计意图：通过作图活动画出抛物线，让学生体验抛物线的生成过程，培养学生观察能力，通过追问引导学生思考，为抛物线概念的形成作直观上的铺垫．引导学生利用已知条件和图形认识抛物线的几何特征，抽象得出抛物线的概念，发展学生的数学抽象素养．充分发挥信息技术的作用，通过计算机软件向学生演示方程中参数的变化对方程所表示的曲线的影响，让学生进一步理解方程中系数的几何含义．

环节三　建立抛物线的标准方程

问题 3：比较椭圆、双曲线标准方程的建立过程，你认为如何建立坐标系，可使所求抛物线的方程形式简单？

师生活动：（1）求曲线方程的基本步骤是什么？

建（系）—设（点）—限（限制条件）—代（入）—化（简）

（2）求抛物线的方程，首先涉及到怎么建系的问题．借鉴椭圆、双曲线的建系方案，坐标系应该怎样选择呢？

（3）教师讲解，根据抛物线的定义，与抛物线有关的重要几何元素有三个：抛物线、抛物线的焦点、抛物线的准线．

设定点 F 和定直线 l 的距离都是 p，学生选择折纸画出来的抛物线，建立恰当的直角坐标系，推导抛物线的方程．

①小组讨论，拟订方案．

学生容易提出如下三种方案（预案）：

方案一：以 l 所在的直线为 y 轴，以 K 为原点建立直角坐标系；

方案二：以 KF 所在直线为 x 轴，以 F 为原点建立直角坐标系；

方案三：以 KF 所在直线为 x 轴，以 KF 中点为原点建立直角坐标系．

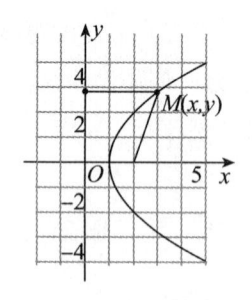

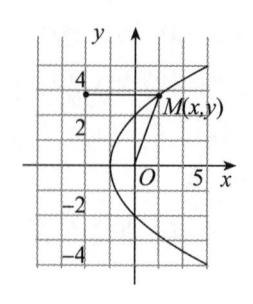

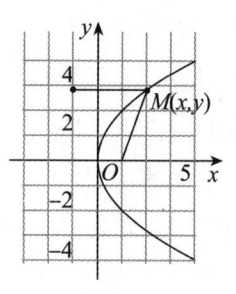

②分工合作，推导方程．

学生在以上三种方案下得出三个不同的方程：

方案一：$y^2=2px-p^2(p>0)$；

方案二：$y^2=2px+p^2(p>0)$；

方案三：$y^2=2px(p>0)$．

③追问：比较上述三种建系情况，观察各自对应的抛物线方程，你觉得哪种建系方式更好一点？为什么？

师生活动：对比研究，确定标准方程：$y^2=2px(p>0)$．

特征：开口向右，焦点坐标为 $F\left(\dfrac{p}{2},0\right)$，准线方程为 $x=-\dfrac{p}{2}$．

设计意图：让学生独立建系，以便比较优劣，建立抛物线的标准方程．为学生展示抛物线标准方程的推导过程，提升学生的数学运算素养．

问题4：在建立椭圆、双曲线的标准方程的过程中，根据焦点位置的不同，可以得到不同形式的标准方程．类比椭圆和双曲线的标准方程，抛物线的标准方程有几种形式？

在平面直角坐标系中，类比椭圆、双曲线，怎样求不同开口方向的抛物线的标准方程？

师生活动：在建立椭圆、双曲线的标准方程时，选择不同的坐标系我们得到了不同形式的标准方程．

教师出示下表，并引导学生类比刚推导出的开口向右的抛物线的标准方程、焦点坐标和准线方程，填写开口向左、向上、向下的抛物线的标准方程、焦点坐标和准线方程，以及焦点到准线的距离．

图形	标准方程	焦点坐标	准线方程	焦点到准线的距离

追问：（1）四种标准方程的左边和右边次数是怎样的？

（2）如何由方程确定抛物线的焦点位置及开口方向？

相同点	不同点
（1）顶点都位于坐标原点； （2）对称轴均为坐标轴； （3）若焦准距为 p，则顶点到焦点的距离等于顶点到准线的距离，其值为 $\frac{p}{2}$	（1）一次项变量为 x（或 y），则对称轴为 x 轴（或 y 轴）； （2）焦点在 x（或 y）轴的正半轴上，开口向右（或向上），焦点在 x（或 y）轴的负半轴上，开口向左（或向下）

设计意图：类比椭圆与双曲线不同形式的标准方程，猜想抛物线有四种标准方程，并逐一探究；类比开口向右的抛物线的标准方程，获得开口向左、向上和向下的抛物线的标准方程，提升类比迁移能力；巩固各种标准方程形式下的焦点坐标和准线方程，以及焦点到准线的距离，抽象抛物线方程、焦点与准线间的数字规律．

问题5：你能说明二次函数 $y=ax^2(a\neq 0)$ 的图象为什么是抛物线吗？指

出它的焦点坐标、准线方程.

师生活动： 利用PPT将二次函数$y=ax^2(a\neq 0)$的解析式变形成抛物线的标准方程的形式，从而说明二次函数$y=ax^2(a\neq 0)$的图象是抛物线，并利用标准方程求出焦点坐标和准线方程.

设计意图： 强化标准方程意识（先化为标准方程，再判定）；强化"基本"意识，由问题5可以判断出所有二次函数的图象都是抛物线；利用高中所学的抛物线的标准方程说明初中所学的二次函数$y=ax^2(a\neq 0)$的图象的确是抛物线，严谨、科学，建立了初高中知识的联系.

环节四　抛物线及其标准方程的巩固与运用

例1　（1）已知抛物线的标准方程是$y^2=6x$，求它的焦点坐标和准线方程；

（2）已知抛物线的焦点是$F(0,-2)$，求它的标准方程.

师生活动： 教师展示解题过程，学生观看并思考.

用待定系数法求抛物线标准方程的步骤：

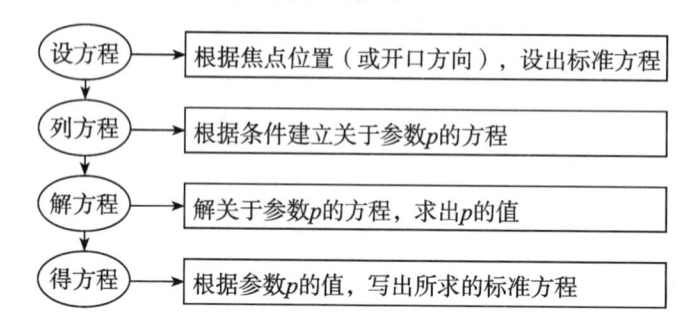

设方程 → 根据焦点位置（或开口方向），设出标准方程

列方程 → 根据条件建立关于参数p的方程

解方程 → 解关于参数p的方程，求出p的值

得方程 → 根据参数p的值，写出所求的标准方程

设计意图： 通过本例题，向学生展示抛物线中最关键的三个要素：标准方程、焦点坐标和准线方程的求法. 体会由标准方程可以确定焦点坐标和准线方程；反之，由焦点坐标或准线方程也可以确定抛物线的标准方程.

练习1　根据下列条件写出抛物线的标准方程：

（1）焦点是$F(3,0)$；（2）准线方程是$x=-\dfrac{1}{4}$；（3）焦点到准线的距离是2.

练习2　求下列抛物线的焦点坐标和准线方程：

(1) $y^2=20x$；(2) $x^2=\dfrac{1}{2}y$；(3) $2y^2+5x=0$；(4) $x^2+8y=0$.

师生活动：巩固标准方程意识（先化为标准方程，再判定）．学生思考并回答，教师借助投影展示解题过程，学生互评．

设计意图：通过练习，巩固学生对抛物线的焦点坐标和准线方程的求解能力．

例 2 （1）抛物线 $y^2=2px(p>0)$ 上一点 M 与焦点间的距离是 a $\left(a>\dfrac{p}{2}\right)$，则点 M 到准线的距离是 _____，点 M 的横坐标是 _____．

（2）抛物线 $y^2=12x$ 上与焦点的距离等于 9 的点的坐标是 _____．

师生活动：学生思考并完成，教师借助投影展示解题过程，学生互评．

设计意图：利用抛物线的定义，得到在抛物线上的点 M 到焦点、准线的距离或点 M 的坐标的求法，从而得到求 $|MF|$ 的公式．

练习 3 （1）抛物线 $y^2=8x$ 上与焦点的距离等于 6 的点的坐标是 _____．

（2）抛物线 $y^2=2px(p>0)$ 上一点 M 与焦点 F 的距离 $|MF|=2p$，求点 M 的坐标．

师生活动：学生思考并完成，教师借助投影展示解题过程，学生互评．

设计意图：强化学生对利用抛物线定义求抛物线上点的坐标的能力．

例 3 一种卫星接收天线如左下图所示，其曲面与轴截面的交线为抛物线．在轴截面内的卫星波束呈近似平行状态射入形为抛物线的接收天线，经反射聚集到焦点处，如图（1）．已知接收天线的口径（直径）为 4.8 m，深度为 1 m．试建立适当的坐标系，求抛物线的标准方程和交点坐标．

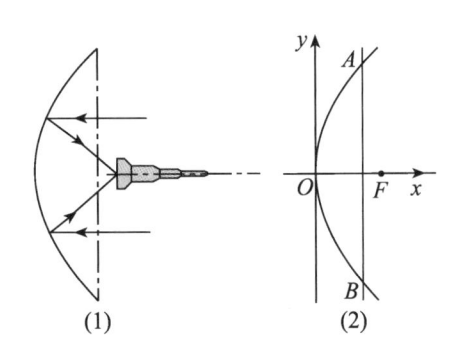

(1)　(2)

师生活动：教师带领学生阅读题目，然后建立如图（2）所示的坐标系，用待定系数法求解．

求解抛物线实际应用题的步骤：

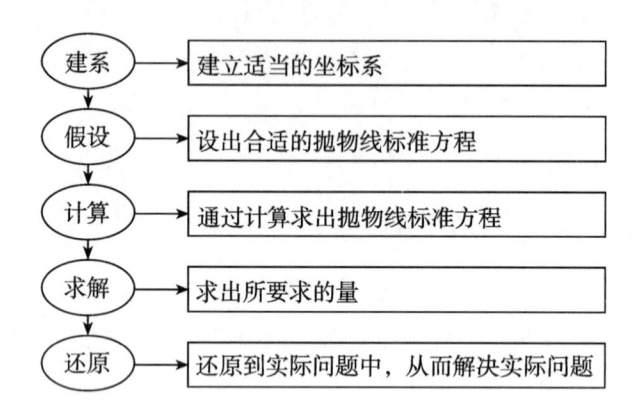

```
建系 → 建立适当的坐标系
 ↓
假设 → 设出合适的抛物线标准方程
 ↓
计算 → 通过计算求出抛物线标准方程
 ↓
求解 → 求出所要求的量
 ↓
还原 → 还原到实际问题中，从而解决实际问题
```

设计意图：让学生运用抛物线及其标准方程解决实际问题，经历将实际问题转化为数学问题，解决数学问题，进而解决实际问题的过程．

环节五　归纳总结、布置作业

问题 6：请你谈谈本节课学了哪些内容，有什么体会？

师生活动：教师引导学生回顾本节知识：

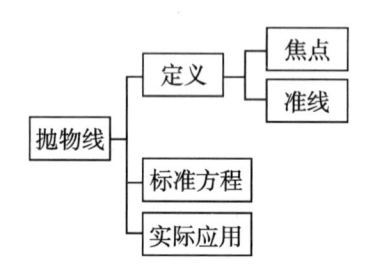

```
           ┌─ 定义 ─┬─ 焦点
           │        └─ 准线
抛物线 ──┼─ 标准方程
           └─ 实际应用
```

一个定义：平面内与一个定点 F 和一条定直线 l（l 不经过点 F）距离相等的点的轨迹叫作抛物线．

两种思想：数形结合思想；分类讨论思想．

三项注意：①定义的前提条件：直线 l 不经过定点 F；

②p 的几何意义是焦点到准线的距离；

③求抛物线焦点坐标、准线方程、标准方程时应"先定位，再定量"．

四种形式：抛物线的标准方程有四种形式．

对于具体问题，我们学会了如何求抛物线的标准方程、焦点坐标或准线方程．

设计意图： 对本节课进行小结，形成结构化认知．

思考：根据抛物线的定义证明：用一个平面截圆锥的侧面，当截面与圆锥的轴所成角等于圆锥母线与轴所成的角时，得到的几何图形是抛物线吗？

追问 1：回顾椭圆以及双曲线的论证，我们用到什么方法？

追问 2：焦点可能在哪？

追问 3：准线如何确定？

追问 4：等量关系如何转化？

▶ 课后作业

1. 已知抛物线的准线方程是 $x=\dfrac{2}{3}$，求它的标准方程．

设计意图： 考查学生由已知条件求抛物线的标准方程．

2. 已知抛物线 $y^2=16x$ 上的点 M 与焦点的距离等于 7，求点 M 的坐标．

设计意图： 考查学生灵活运用抛物线标准方程及其几何特征解决问题．

3. 求抛物线 $3x^2+8y=0$ 的焦点坐标和准线方程．

设计意图： 考查学生将方程变形为标准方程，然后运用标准方程获得焦点坐标、准线方程．

4. 人教版《普通高中教科书 数学 选择性必修 第一册》第 138 页习题 3.3 第 1、2（1）、4 题．

第 5 课时　椭圆的简单几何性质

▶ 课时教学内容

椭圆的简单几何性质．

▶ 课时教学目标

（1）掌握椭圆的简单几何性质．

（2）初步学会根据曲线的方程研究其几何性质．

▶ 教学重点与难点

重点：椭圆的简单几何性质.

▶ **教学过程**

环节一 创设情境，提出问题

导语：$\dfrac{x^2}{4}+y^2=1$ 这个方程表示什么曲线？

追问1：你们怎么知道它是椭圆呢？

追问2：这个方程表示的椭圆对应的 a,b,c 分别等于多少？

追问3：假如没有上一节课的学习，面对这个方程，你能否知道它表示什么图形？或者说，它表示的图形的形状是什么样子的？有什么特点？

进一步追问：如果都没有思路，那我们可以回忆一下，我们学过的哪些知识，涉及"由代数表达式可以知道它的图形"？

追问4：对了，我们可以由函数解析式作出其表示的图象，从而知道这个"代数表达式表示的图形". 那么，$\dfrac{x^2}{4}+y^2=1$ 是不是一个函数的表达式？

师生活动：学生思考、讨论. 教师引导学生思考：只给定曲线的方程，如何从方程了解它对应的曲线，并通过方程研究其几何性质？

设计意图：教师引导学生明确本节课是运用代数方法来研究曲线的几何性质，让学生明确研究的问题以及研究的方法，奠定本节课的研究方法和研究方向. 学生在教师的引导下学习与探究，提高思维的主动性、深刻性，避免思维的被动性和盲目性.

环节二 方程先行，推理论证

问题1：我们现在以 $\dfrac{x^2}{4}+y^2=1$ 方程为例，如何将其化为函数的解析式？

师生活动：学生小组合作探究画出曲线. 教师引导学生将 $\dfrac{x^2}{4}+y^2=1$ 进行移项，得 $y^2=-\dfrac{x^2}{4}+1$，发现需要两边同时开方时，首先必须保证 $-\dfrac{x^2}{4}+1 \geqslant 0$，其次两边开平方时有两种情况，即可化为两个解析式 $y=\sqrt{-\dfrac{x^2}{4}+1}$ 和 $y=-\sqrt{-\dfrac{x^2}{4}+1}$. 引导学生从解析式发现，两个函数定义域 x 取值范围相同，此时每一个 x 取相同的值时，对应的 y 值是一对相反数，引发学生思考曲线关于 x 轴的对称性．并通过信息技术直观展示所画曲线，引导学生观察其几何特征：左右、上下范围，对称性．

设计意图：由特殊到一般，通过将该代数表达式转化为若干个函数解析式的过程，让学生体会分类与整合思想、数形结合思想，初步领会事物普遍联系的观点，同时培养学生的运算能力，并借助图象让学生初步认识椭圆的简单几何性质．

问题 2：如果不通过作图工具画出曲线，我们能否直接由方程 $\frac{x^2}{a^2}+\frac{y^2}{b^2}=1(a>b>0)$ 得到它所表示的图形的简单几何性质（如曲线的范围、对称性等）？

问题 3：如何通过 $\frac{x^2}{a^2}+\frac{y^2}{b^2}=1(a>b>0)$ 方程来确定曲线的范围呢？

追问：如何通过方程来计算 x，y 的取值范围？

师生活动：学生思考、计算．明确曲线的范围其本质是方程中两个变量 x，y 的取值范围，并总结 $\frac{x^2}{a^2}+\frac{y^2}{b^2}=1(a>b>0)$ 一般形式下，通过方程确定了曲线的范围．

设计意图：明确研究什么以及怎么研究，初步体会利用方程研究性质的方法．

问题 4：我们如何根据方程 $\frac{x^2}{a^2}+\frac{y^2}{b^2}=1(a>b>0)$，研究它的对称性？

师生活动：教师引导学生发现在方程 $\frac{x^2}{a^2}+\frac{y^2}{b^2}=1(a>b>0)$ 中，以 $-y$ 代 y，发现方程不变，说明曲线上任一点 $P(x,y)$ 满足方程时，它关于 x 轴的对称点 $P'(x,-y)$ 也满足方程，即 P' 也在曲线上，说明方程对应的曲线关于 x 轴对称．

学生分组讨论，利用同样方法证明曲线关于 y 轴对称及关于原点对称．

设计意图：明确曲线对称性的本质是曲线上点的对称，而点的对称本质上是坐标间的关系，可以利用方程的形式进行研究，再次体会利用方程研究几何性质的方法．

问题5：从刚才对椭圆 $\dfrac{x^2}{a^2}+\dfrac{y^2}{b^2}=1(a>b>0)$ 的范围、对称性的研究中，你认为椭圆 $\dfrac{x^2}{a^2}+\dfrac{y^2}{b^2}=1(a>b>0)$ 上的哪些点比较特殊？它为什么特殊？如何求得这些特殊点的坐标？

师生活动：引导学生发现特殊点，知道特殊点就是椭圆与其对称轴的交点，并利用解方程组的方法求出其特殊点的坐标．

在方程 $\dfrac{x^2}{a^2}+\dfrac{y^2}{b^2}=1(a>b>0)$ 中，令 $x=0$，得 $y=\pm b$，得出 $B_1(0,-b)$，$B_2(0,b)$；同理，令 $y=0$，得 $x=\pm a$，得出 $A_1(-a,0)$，$A_2(a,0)$．

上述这四个点称为椭圆的顶点．

在问题解决后，回归椭圆的图形．给出椭圆的顶点、长轴、短轴、长半轴长、短半轴长等概念．

设计意图：明确曲线顶点的含义以及通过方程研究曲线顶点的思路和方法，进一步体会利用方程研究几何性质的方法．

问题6：观察四个方程 A：$\dfrac{x^2}{4}+y^2=1$，B：$\dfrac{x^2}{4}+\dfrac{y^2}{3}=1$，$C$：$\dfrac{x^2}{12}+y^2=1$ 和 D：$\dfrac{x^2}{16}+\dfrac{y^2}{4}=1$ 所对应的椭圆，说说它们在形状上有什么异同，这些形状上的差异与哪些要素有关．

师生活动：教师出示由几何画板作出的 A：$\dfrac{x^2}{4}+y^2=1$，B：$\dfrac{x^2}{4}+\dfrac{y^2}{3}=1$，$C$：$\dfrac{x^2}{12}+y^2=1$，$D$：$\dfrac{x^2}{16}+\dfrac{y^2}{4}=1$ 四个椭圆，引导学生发现它们扁平程度的差异，并进行归因发现：A 与 B 扁平程度不同，说明扁平程度与 b 有关；A 与 C 扁平程度不同，说明扁平程度与 a 也有关．说明扁平程度与 a、b 都有关．

追问1：在椭圆定义中，确定椭圆的几何要素是什么？你认为用什么量来刻画椭圆的扁平程度更合适？

师生活动：学生依据定义选择参数 a，c 来刻画椭圆的扁平程度．

几何画板演示以下内容验证猜想：当椭圆 $\dfrac{x^2}{a^2}+\dfrac{y^2}{b^2}=1(a>b>0)$ 的长半轴

长 a 保持不变,改变椭圆的半焦距 c,想象椭圆的扁平程度发生变化;类似地,保持 c 不变,改变 a 的大小,想象椭圆的扁平程度也发生变化.

追问 2:如何用 a、c 刻画椭圆的扁平程度?

师生活动:引导学生观察、发现、归纳,并由教师作如下总结:关于如何刻画椭圆的扁平程度是经过漫长的探索的,事实上,由椭圆 A 和 D,我们发现它们的扁平程度是一样的,但是它们的 $a+c$,$a-c$,ac 都不同,只有 $\dfrac{c}{a}$ 相同,这也启发我们用 $\dfrac{c}{a}$ 来刻画椭圆的扁平程度. 我们把椭圆的焦距与长轴长的比 $\dfrac{c}{a}$ 称为椭圆的离心率,用 e 表示,即 $e=\dfrac{c}{a}$.

追问 3:根据定义,椭圆的离心率 e 的取值范围是什么?根据探究结果,请你归纳 e 的大小与椭圆的扁平程度的对应关系是怎么样的?

师生活动:学生先计算,再在直观的基础上,归纳出结论,之后展示,由教师点拨修正.

(1) 因为 $a>c>0$,$e=\dfrac{c}{a}$,所以椭圆的离心率 e 的取值范围是 $0<e<1$.

(2) e 越接近 1,c 越接近 a,$b=\sqrt{a^2-c^2}$ 就越小,椭圆就越扁平;e 越接近 0,c 越接近 0,则 b 越接近 a,这时椭圆就越接近圆.

师生活动:回顾反思,总结椭圆的几何性质,并完成以下表格.

焦点的位置	焦点在 x 轴上	焦点在 y 轴上
图形		
标准方程	$\dfrac{x^2}{a^2}+\dfrac{y^2}{b^2}=1(a>b>0)$	$\dfrac{y^2}{a^2}+\dfrac{x^2}{b^2}=1(a>b>0)$
范围		
顶点		

续表

焦点的位置	焦点在 x 轴上	焦点在 y 轴上
轴长	短轴长为_____，长轴长为_____	
焦点		
焦距	$\|F_1F_2\|=$_____	
对称性	对称轴：_____，对称中心：_____	
离心率	$e=$_____（ ）	

设计意图：曲线的形状是曲线的重要性质，它是由曲线定义中的几何要素决定的．以此为载体，既学习如何刻画椭圆的形状，又学习如何用方程中的基本量刻画曲线的形状，学生经历从猜想、验证到论证的思维过程，以此培养学生严谨的数学思维习惯．

环节三　应用巩固，迁移探究

问题 7：求椭圆 $16x^2+25y^2=400$ 的长轴和短轴的长、离心率、焦点和顶点的坐标．

师生活动：由学生独立完成，在解题过程中应注意引导和督促学生养成画图的习惯．

设计意图：对例题剖析诊断并发展学生对椭圆几何性质的掌握情况．

环节四　回顾反思，深化理解

问题 8：本节课我们研究了曲线的哪些性质？

追问：我们是用什么方法来研究这些性质的？

师生活动：在学生独立思考、回顾的基础上进行班级交流，然后教师点评、总结．

设计意图：总结这节课的研究方法，为后续双曲线、抛物线的研究提供思路和方法，体会利用方程研究曲线的几何性质的特点．

▶ 课后作业

1. 求下列椭圆的长轴和短轴长、离心率、焦点坐标、顶点坐标，并画出图形：

(1) $x^2+4y^2=16$；(2) $9x^2+y^2=81$.

设计意图：诊断学生是否掌握椭圆的简单几何性质.

2. 讨论方程 $\dfrac{x^2}{4}+\dfrac{y|y|}{3}=1$ 表示的曲线的简单几何性质.

设计意图：考查并诊断学生是否掌握从方程的角度运用代数方法研究曲线的方法.

3. 求适合下列条件的椭圆的标准方程：

(1) 焦点在 x 轴上，$a=6$，$e=\dfrac{1}{3}$；

(2) 焦点在 y 轴上，$c=3$，$e=\dfrac{3}{5}$.

4. 求适合下列条件的椭圆的标准方程：

(1) 经过 $P(-3,0)$，$Q(0,-2)$ 两点；

(2) 长轴长等于 20，离心率等于 $\dfrac{3}{5}$.

5. 比较下列每组中椭圆的形状，哪一个更接近于圆？为什么？

(1) $9x^2+y^2=36$ 与 $\dfrac{x^2}{16}+\dfrac{y^2}{12}=1$；

(2) $x^2+9y^2=36$ 与 $\dfrac{x^2}{6}+\dfrac{y^2}{10}=1$.

6. 求适合下列条件的椭圆的标准方程：

(1) 经过 $P(-2\sqrt{2},0)$，$Q(0,\sqrt{5})$ 两点；

(2) 长轴长是短轴长的 3 倍，且经过点 $P(3,0)$；

(3) 焦距是 8，离心率等于 0.8.

设计意图：巩固学生对坐标法的运用以及对椭圆的简单几何性质的掌握.

选择性必修　第二册

教学设计1　4.3　等比数列

一、单元内容和内容解析

1. 内容

等比数列的定义，等比数列的通项公式、前 n 项和公式及应用.

2. 知识结构图

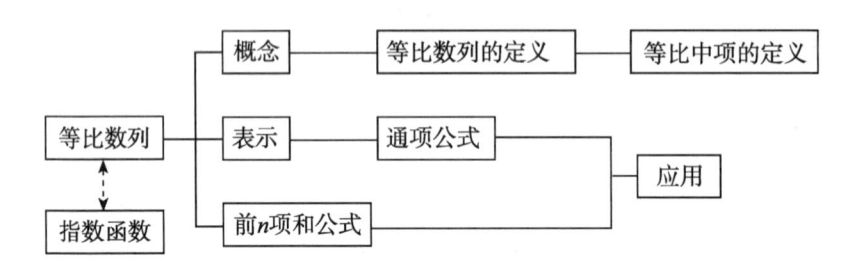

3. 内容解析

本单元内容具有承上启下的作用．等比数列的内容与等差数列是类似的，通过类比等差数列的定义、通项公式及等差数列前 n 项和公式的探究过程与方法，学习等比数列的定义、通项公式及等比数列前 n 项和公式，进一步体会由具体到抽象研究数学问题的一般方法．等比数列包含两节内容，第一节是等比数列的概念．通过类比等差数列，由具体实例出发，通过归纳、抽象概括出等比数列的定义，提升学生的数学抽象素养．第二节等比数列的前 n 项和公式不仅是"等差数列的前 n 项和"与"等比数列"等相关内容的延续，与前面学习的函数等知识也有着密切的联系，而且它也是进一步研究较为复杂的数列问题的基础，为以后研究数学问题提供基本模式与方法支持.

从知识的应用价值上来看，等比数列是从大量现实问题和数学问题中抽象出来的一个模型，其来源于生活，服务于生活，是解决诸如"分期付款"等实际问题的重要模型；此外，在公式推导中所蕴含的数学思想方法，如分类讨论、特殊到一般等也是数学研究的主要方法.

从内容的人文价值上来看，等比数列的定义、通项公式及前 n 项和公式的探究与推导需要学生观察、分析、归纳、猜想，有助于培养学生的创新思维和探索精神，是培养学生应用意识和数学素养的良好载体.

根据上述分析，确定本单元的教学重点：等比数列的定义、等比数列的通项公式、前 n 项和公式及它们的应用.

本单元安排 2 个课时教学.

第 1 课时　等比数列；

第 2 课时　等比数列的前 n 项和.

二、单元目标和目标解析

1. 目标

（1）通过生活中的实例，理解等比数列的概念和通项公式的意义，提升数学逻辑推理与数学抽象学科素养；

（2）探索并掌握等比数列的前 n 项和公式，理解等比数列的通项公式与前 n 项和公式的关系；

（3）能在具体的问题情境中，发现数列的等比关系，并解决相应的问题；

（4）体会等比数列与指数函数的关系.

2. 目标解析

达成上述目标的标志是：

（1）学生通过类比等差数列的研究方法，发现和提出需要研究的问题；能从自然语言与符号语言的角度，得到等比数列的定义与通项公式，并用符号语言表示这些关系；体会到研究数列的基本方法.

（2）学生通过探究性学习，在经历"类比推理探公式—归纳推理猜公式—演绎推理证公式"的推导过程中，明确基本公式的学习套路，掌握等比数列前 n 项和公式的推导方法，能分析等比数列的通项公式与前 n 项和公式的关系，描述等比数列前 n 项和公式的特征，以及它与相应指数函数的关系，领悟等比数列的性质是导出求和公式的关键.

（3）学生能在具体的问题情境中，抽象出等比数列模型，并将相应的问题转化为数列问题，运用等比数列的通项公式和前 n 项和公式，通过运算解决.

三、单元教学问题诊断分析

学生在数列的学习中，已经学习过等差数列的相关知识，对于数列有了一定的认知. 通过类比的方法得到等比数列的定义，并不困难，难点在于抽象成符号语言，特别是符号语言的准确表述.

等比数列的通项公式可以利用归纳法得到，鼓励学生类比等差数列中"累加法"，利用"累乘法"推导等比数列的通项公式. 这样可以提高学生的逻辑推理、数学抽象核心素养. 在等差数列中，公差 $d\neq 0$ 的等差数列可以与相应的一次函数建立联系，通过类比，等比数列可以与相应的指数函数建立类似的联系. 在分析指数函数单调性时，由于间隔时间较长，以及函数相关知识学生有些陌生，不易分析.

等比数列前 n 项和公式的推导方法——错位相减法，是学生第一次碰到. 它和等差数列的前 n 项和公式的推导方法可比性低，无法用类比的方法进行，需要对等比数列的定义和性质进行充分理解并融会贯通，而知识的整合对学生来说恰恰又是比较困难的. 这就需要学生具备较强的探究能力、计算能力、对数列通项的归纳能力和思维的严谨性.

基于以上分析，等比数列前 n 项和公式的推导是本单元的教学难点. 为了突破这一难点，考虑通过计算具体的等比数列前 n 项和，利用归纳猜想的方法，以问题为阶梯，一步步引导学生猜想出公式，并根据公式的特征给出证明思路.

四、单元课时教学设计

第 1 课时　等比数列

▶ 课时教学内容

等比数列的概念、等比中项的定义，等比数列的通项公式及其应用.

▶ 课时教学目标

（1）通过生活中的实例，理解等比数列的概念和通项公式的意义，提升数学逻辑推理与数学抽象学科素养.

（2）能在具体的问题情境中，发现数列的等比关系，并解决相应的问题.

（3）体会等比数列与指数函数的关系.

▶ 教学重点与难点

教学重点：等比数列的定义、通项公式及其应用.

教学难点：等比数列通项公式的推导及应用.

▶ 教学过程

环节一　概念的引入

问题1：前面我们学习了等差数列，类比等差数列的研究思路和方法，从运算的角度出发，你觉得还有怎样的数列是值得研究的？

师生活动：学生独立思考、讨论交流.

教师提示，类比已有的学习经验是一个好方法，比如"等差数列"；然后指引学生回顾等差数列相邻两项的关系，确定新数列的研究问题：相邻两项的比是固定常数.

设计意图：意在引导学生从运算的角度，类比已有研究对象的主要特征，以一个新的特殊数列作为研究对象，这样的过程有利于培养学生发现问题和提出问题的能力.

问题2：阅读人教版《普通高中教科书 数学 选择性必修 第二册》第 27 页"请看下面几个问题中的数列"，类比等差数列的研究，你认为可以通过怎样的运算发现以上数列的取值规律？你发现了什么规律？

师生活动：学生独立观察，充分思考，交流讨论.

根据学生交流讨论情况，教师可以适时地选择以下问题进行追问.

追问1：你能用自然语言归纳每组数列的特征吗？（从相邻两项间的关系分析）

追问2：请归纳概括上述四个具体例子的共同特点.（类比等差数列的过程）

追问3：类比等差数列的概念，从上述几个数列的规律中，你能抽象出等比数列的概念吗？可以用符号语言表示吗？

师生活动：教师引导学生梳理观察、讨论、分析的结果，抽象概括成数学定义，给出等比数列的定义.

设计意图：让学生充分经历从观察、分析到抽象、概括的过程，其中包括独立思考和交流讨论. 这是一个提升学生数学抽象素养的时机. 问题1、问题2可以采用交流式评价. 交流式评价就是通过教师与学生、学生与学生之间的对话交流，对学生学习的情况进行评价，比如师生、生生之间的讨论、问答、互动等，交流式评价多用于新授课的教学环节，比如概念、定理、公式等. 上述问题可以让学生主动回答，尤其要鼓励数学程度不太好的学生大胆回答. 当学生回答有误时，可以让其他同学进行纠正或补充，允许学生之间进行交流互评. 通过学生发言反馈的信息，教师可以对学生的知识技能水平、参与活动态度以及交流合作意识进行评价.

环节二　概念的理解

问题3：阅读人教版《普通高中教科书 数学 选择性必修 第二册》第28页"思考"，结合等比数列的定义，观察等比数列的相邻三项，你有什么新的发现？

师生活动：让学生独立阅读这段内容，然后分别说出自己的新发现.

教师根据学生的回答情况，可以选择以下问题进行追问.

追问1：等比数列相邻三项有什么代数关系？

追问2：类比等差中项，你能得到等比中项的定义吗？能够用符号语言表示吗？

师生活动：根据学生探究的情况，教师引导，帮助学生建立等比中项的概念.

设计意图：对于难度不大的内容，引导学生通过类比的方法找到等比数列中相邻三项的关系，并抽象概括得到等比中项的定义.

问题4：你能利用等比数列的定义推导出它的通项公式吗？

师生活动：让学生先独立思考，教师展示学生推导结果并规范解答.

设计意图：内容难度不大，引导学生类比等差数列通项公式的推导过程进行推导，并得到等比数列的通项公式. 这是一个提升学生数学抽象的时机. 问题3采用交流式评价，由学生口答，允许其他同学进行补充，教师进行点评（口头表扬）. 问题4可以采用表现性评价. 教师通过学生在课堂上的表现（比如回答问题的情况、板演的程度、参与活动的态度等）诊断学生的学习情况，并进行即时评价（采用肯定与表扬等激励性语言，对错误或不足采用启发性语言促进学生反思），使学生始终处于积极、亢奋的思维活动中.

问题5：在等差数列中，公差$d \neq 0$的等差数列可以与相应的一次函数建立联系，通过类比，等比数列可以与哪个函数建立联系？单调性如何？

师生活动：学生独立思考、讨论交流.

教师提示，类比指数函数的性质，说明公比$q>0$的等比数列的单调性.

设计意图：让学生充分经历观察、分析的过程，其中包括独立思考和交流讨论. 采用交流式评价，学生畅所欲言，允许同桌交流或小组讨论，教师最后提炼、总结.

环节三　概念的巩固应用

例1　若等比数列$\{a_n\}$的第4项和第6项分别为48和12，求$\{a_n\}$的第5项.

师生活动：学生分析解题思路，给出解答并讨论交流，教师进行展示总结.

设计意图：例1与4.2节的例7类似，也给出了两个独立的条件. 根据两个给定条件得到的关于首项a_1和公比q的方程组的解法往往不唯一，有时会得到两个q的值，也就是得到两个不同的等比数列. 此例题可以让学生掌握分类讨论的方法. 例1也可以直接利用等比中项的定义进行解决，鼓励学生从多角度思考问题.

例 2 已知等比数列 $\{a_n\}$ 的公比为 q, 试用 $\{a_n\}$ 的第 m 项 a_m 表示 a_n.

师生活动：学生独立思考，教师给出解答示范.

设计意图：等比数列通项公式的应用，给出两个条件 a_1 与 q 可以表示数列的每一项，同时等比数列的任意一项都可以由数列的某一项和公比表示.

例 3 数列 $\{a_n\}$ 共有 5 项，前三项成等比数列，后三项成等差数列，第 3 项等于 80，第 2 项与第 4 项的和等于 136，第 1 项与第 5 项的和等于 132. 求这个数列.

师生活动：学生独立思考，教师给出解答示范.

设计意图：例 3 安排了一道综合应用等差数列和等比数列的通项公式解决问题的题目. 根据条件包含的等量关系，列出关于数列相关量的方程组是解决这类问题的常用策略. 本题利用中间量去表示其他各项，可以减少所设未知数的个数. 通过此题提高学生分析问题、解决问题的能力.

练习 已知数列 $\{a_n\}$ 是等比数列，a_3, a_5, a_7 是否成等比数列？为什么？a_1, a_5, a_9 呢？

师生活动：学生分析解题思路，给出解答并讨论交流，教师进行展示总结.

设计意图：进一步体会等比数列的定义与等比数列通项公式的应用. 本环节采用表现性评价，通过学生板演或投影展示学生作业充分暴露学生的思维过程，可以让学生对展示的作业进行评价，开展广泛的师生、生生交流互动与评价活动.

环节四 归纳总结、布置作业

教师引导学生回顾本节知识，并回答以下问题：

(1) 等比数列的定义是什么？可以从哪两个方面表示？

(2) 等比中项的定义是什么？如何用符号语言表示？

(3) 等比数列的通项公式是什么？如何推导等比数列的通项公式？

设计意图：从知识内容和思想方法两个方面对本节课进行小结. 采用交

流式评价. 通过学生自己尝试归纳并感悟思想方法, 促使对一节课的总结不只是停留在单纯知识表层方面的总结, 还要在思维能力与数学思想方法等层面进行总结与提炼. 教师的肯定, 同学们的掌声, 是激发深入思考的助推剂, 必将引发学生进行深度反思与感悟, 促进学生知识内化、能力迁移和思维提升, 发展学生数学核心素养.

▶ 课后作业

1. 在等比数列 $\{a_n\}$ 中,

(1) $a_4=2$, $a_7=8$, 求 a_n;

(2) $a_2+a_5=18$, $a_3+a_6=9$, $a_n=1$, 求 n.

设计意图: 检测学生对于等比数列通项公式的掌握水平, 检测学生对于等比数列的首项和公比两个基本量的理解程度, 检测学生对于函数与方程思想的理解水平.

2. 已知在等比数列 $\{a_n\}$ 中, $a_1+a_2+a_3=168$, $a_2-a_5=42$. 求 a_5, a_7 的等比中项.

设计意图: 检测学生对等比中项的概念的理解和应用水平.

3. 有四个数, 前三个数成等比数列, 后三个数成等差数列, 第一个数与第四个数的和为 21, 中间两个数的和为 18, 求这四个数.

设计意图: 考查学生对等比数列的概念, 等比中项的定义, 等比数列通项公式的掌握程度.

4. 人教版《普通高中教科书 数学 选择性必修 第二册》习题 4.3 第 1 题, 第 2 题.

本环节采用检测性评价. 检测性评价即我们非常熟悉的结果性评价, 常用于课堂教学的练习反馈环节或习题课教学中, 根据学生练习或板演的情况来诊断学生学习的结果和效度, 检测本节课教学目标的达成情况.

教学设计2 5.1 导数的概念及其意义

一、单元内容和内容解析

1. 内容

变化率的典型实例；导数的概念；导数的几何意义．

2. 知识结构图

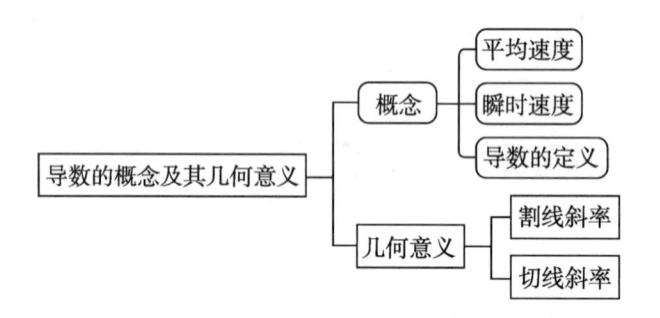

```
                            ┌─ 平均速度
                    ┌─ 概念 ─┼─ 瞬时速度
导数的概念及其几何意义 ─┤      └─ 导数的定义
                    │
                    └─ 几何意义 ─┬─ 割线斜率
                                └─ 切线斜率
```

3. 内容解析

（1）内容的本质

导数是微积分的核心内容之一，是现代数学的基本概念．导数的本质是函数的瞬时变化率，即函数平均变化率的极限．导数定量刻画了函数的局部变化，是研究函数性质、解决变化率问题（如增长率、膨胀率、效率、密度、速度、加速度等）的基本工具．

从逻辑性上看，导数基于极限运算，所以微积分的学习应该从极限及其运算开始，再用极限来定义导数．但考虑到学生认知发展水平的局限，在高中数学课程中不专门安排极限的内容，所以无法直接用极限去定义导数．注意到导数是瞬时变化率的数学表达，而瞬时变化率可以用平均变化率进行逼近，而且这个逼近的过程在直观上比较容易理解，学生身边的具体例子也较多，所以可以选择一些典型的变化率问题，引导学生经历从理解平均速度到瞬时速度的过程，用直观的方式引出瞬时变化率，进而建立导数的概念．

导数概念涉及两个核心问题,一个是数学思想,另一个是数学语言. 中学阶段通过两个典型案例讲思想,一个是物体运动的瞬时速度,一个是曲线上一点处的切线斜率. 恰好,前者是牛顿创立微积分时研究的问题,后者是莱布尼茨创立微积分时研究的问题. 可以想象,如果能理解好这两个带有本源性的问题,那么学生就能在整体上把握微积分的思想了. 例如,对运动的物体"某一时刻 t_0 的速度 v_0"的刻画,直觉告诉我们"某一时刻"是一个点,一个点的"路程"等于0,所以按"常理","某一时刻的速度"应该都等于0,但这又与物体处于运动状态的事实不相符. 如果按通常的路程、时间和速度的关系计算"某一时刻 t_0 的速度",那么由 $s=\dfrac{v}{t}$ 有 $v_0=\dfrac{0}{0}$. 到底该怎么运算呢?

显然,这个问题已经不能按"常理"解决了,仅仅通过加、减、乘、除四则运算肯定行不通了. 必须另辟蹊径,发明一种特殊的运算,才能解决.

牛顿的想法是:用很短时间间隔的平均速度替代瞬时速度,而且是"想多短就多短". 接着的问题是:"想多短就多短"该如何严格表达? 如何用精确的数学语言表达? 实际上,这个问题用初等数学的方法已经不能解决了,必须创造出一套新的体系. 牛顿的智慧在于:引进一个无穷小量 Δt 表示"很短时间间隔",通过代数运算计算出 $\dfrac{\Delta s}{\Delta t}$ 后让 $\Delta t \to 0$,把所得到的结果称为"流数",这个"流数"就是瞬时速度. 这个想法实际上就是三个要点:一是构造一个过程——从"平均变化率"到"瞬时变化率",二是构造一种新的运算——极限,三是引入一个概念——导数,从而不仅使一个"难以描述的问题"得到了准确的数学表达,而且以此为根基建立了整个微积分的大厦. 这就是思想! 因此,想方设法使学生经历"从平均变化率到瞬时变化率"这个过程,品味"既是动态的,又是确定的"味道,进而理解导数概念的精神实质,就成为本单元的核心.

(2)内容蕴含的数学思想和方法

有了思想并不等于问题就解决了,只有把思想转化为具有可操作性的方法才能使思想真正发挥作用. 极限思想古已有之,古希腊的欧多克斯(公元前408—公元前355)为了解决不可公度性而开创的逼近法和逼近原理,我国数学家刘徽创立的割圆术，都是非常成功的极限思想的应用. 牛顿和莱布尼茨之前的数学家用极限思想研究了大量问题，包括：已知物体运动的路程关于时间的函数，求物体在任意时刻的速度与加速度. 反过来，已知物体的加速度关于时间的函数，求速度与路程；求曲线的切线；求函数的最大值与最小值；求长度、面积、体积和重心；等等. 但这些都不足以使极限成为一种理论，只有当极限成为一种运算工具（这是牛顿和莱布尼茨的功劳），给出极限运算的合理解释，并用严格的数学语言表达，极限理论才算真正完备. 数学史表明，这个过程非常漫长. 所以，从历史相似性原则出发，在高中阶段我们只能让学生通过直观的方法理解极限语言，只要学生知道极限的符号表达、了解导数的四则运算法则等即可，不能要求他们使用 $\varepsilon\text{-}\delta$ 语言. 从语言的角度看，极限语言是学生在之前学习中从来没有遇到过的，不能操之过急.

极限是人们从微观层面认识世界变化规律的重要工具. 由于导数是一种特殊的极限，其中自然蕴含着极限思想，所以导数是学生认识极限的窗口，其中呈现的动态的、逼近的、最终是确定的过程，可以培养学生的辩证思维，也有利于数学抽象、直观想象素养的发展. 通过瞬时速度、切线的斜率这些特殊的瞬时变化率抽象出导数概念，蕴含着数形结合、从特殊到一般的思想与方法；对导数的几何意义的研究，有助于学生理解导数的意义，提升直观想象素养.

（3）教学重点、难点

重点：导数的概念及其几何意义，极限思想.

难点：极限思想的理解，导数概念的理解，导数的符号化表达.

本单元安排 2 个课时教学.

第 1 课时　变化率问题；

第 2 课时　导数的概念及其几何意义.

二、单元目标和目标解析

1. 目标

（1）通过实例分析，经历由平均变化率过渡到瞬时变化率的过程，了解导数概念的实际背景，知道导数是关于瞬时变化率的数学表达，体会导数的内涵与思想.

（2）体会极限思想.

（3）通过函数图象直观理解导数的几何意义.

2. 目标解析

达成上述目标的标志是：

（1）能结合具体问题情境，经历从平均变化率过渡到瞬时变化率的过程，从特殊到一般抽象出导数的概念，知道导数是关于瞬时变化率的数学表达，会用具体例子解释导数的内涵与思想.

（2）能解释导数的几何意义，举例说明以直代曲的思想；能通过求函数在某点的导数，得出函数图象在对应点的切线斜率，进而求出切线的方程.

（3）能通过实例分析，直观感知瞬时速度是平均速度的极限，切线斜率是割线斜率的极限；结合导数的概念和几何意义，说明函数在一点处的导数是一个特殊的极限值和确定的数；会求简单函数在一点处的导数.

三、单元教学问题诊断分析

本单元的学习中，学生可能会遇到如下困难：

对极限思想的理解是首要难点. 正如"内容解析"中指出的，极限成为一种运算工具经历了漫长的过程，从历史相似性原则可知，学生对极限思想的认识也需要经历较长的时间，需要在典型的变化率实例中不断"摸爬滚打"，逐步加深理解. 为此，教学中要利用好人教 A 版教科书提供的两个本源性案例，让学生充分经历由"平均变化率"到"瞬时变化率"的过程. 具体来说，要从"数值"和"解析式"两个维度，观察平均速度和割线斜率随着 Δt 或 Δx 趋近于 0 而变化的趋势，形成平均速度的极限就是瞬时速度、割线斜率的极限就是切线斜率的思维表象，在体会极限思想的同时，为引入数学符号语言表达进而抽象出导数概念奠定基础，并在后续的学习中有意识地加强极限思想的渗透.

导数的概念不仅抽象程度高，而且蕴含着"既是动态的，又是确定的"辩证因素，需要有较强的辩证思维才能理解其内涵，而这时的学生正处于从抽象逻辑思维到辩证思维的过渡期，他们的思维发展水平不能满足理解导数概念本质的需要，这是导致导数概念理解困难的根本原因．另外，在抽象导数概念的过程中，舍去具体背景、用抽象的数学符号语言表示，从而实现研究对象的符号化表达，这对学生的抽象思维能力提出了极大的挑战．为此，在两个案例的教学中，要让学生借助信息技术亲自动手计算平均变化率，获得平均变化率逐步趋近一个确定的数的切实感受，在此过程中获得从计算平均变化率到令 $\Delta x \to 0$ 的直接经验；而在归纳共性得出平均变化率的概念、用符号表示以及 $\Delta x \to 0$ 时 $\dfrac{\Delta y}{\Delta x}$ 的变化趋势等几个关节点上要加强引导；同时，在概念形成的过程中，把符号引入与符号所代表的意义融合在一起，使学生能正确理解和运用这些符号．

四、单元教学条件支持分析

在导数的概念的教学中，为了让学生能够更直观地理解瞬时变化率与平均变化率、切线的斜率与割线的斜率等关系，采用 GGB 软件辅助课堂教学，通过其计算功能从数量关系上展现逼近的数学过程，通过其作图功能，从图形动态变化上展现从割线的斜率逼近切线斜率的数学过程，帮助提高学生的直观想象和数学运算的素养．

五、单元课时教学设计

第 1 课时　变化率问题

▶ 课时教学内容

平均速度，瞬时速度．

▶ 课时教学目标

（1）能通过具体问题情境，经历平均速度"逼近"瞬时速度的过程，认识瞬时速度的本质是平均速度的极限，初步体会极限思想．

（2）能通过求高台跳水运动员在具体时刻的瞬时速度，体会求瞬时速度的一般方法．

◉ 教学重点与难点

重点：瞬时速度和极限思想，体会过程的动态性和结果的确定性.

难点：在瞬时速度的计算过程中体会极限思想.

◉ 教学过程

环节一　情境引入，旧知回顾

引导语：在人教版《普通高中教科书 数学 必修 第一册》中，我们研究了函数的单调性，并利用函数单调性等知识定性地研究了一次函数、指数函数、对数函数增长速度的差异，知道"对数增长"是越来越慢的，"指数爆炸"比"直线上升"快得多. 进一步地，能否精确定量地刻画变化速度的快慢呢？下面我们就来研究这个问题.

问题1：在一次高台跳水运动中，某运动员在运动过程中的重心相对于水面的高度 h（单位：m）与起跳后的时间 t（单位：s）存在函数关系. 如何描述运动员从起跳到入水的过程中运动的快慢程度呢？

师生活动：（1）先由学生独立思考、作答，教师启发学生（必要时可以直接指出），确定用平均速度近似描述运动员运动状况的思路；

（2）复习平均速度的概念，让学生利用计算工具计算以下时间段的平均速度，并描述运动员的运动状况：$0 \leqslant t \leqslant 0.2$，$1 \leqslant t \leqslant 1.5$.

（3）让学生描述运动员在 $t_1 \leqslant t \leqslant t_2$ 这段时间内的运动状态，其中运动员在这段时间内的平均速度为 $\bar{v} = \dfrac{h(t_2) - h(t_1)}{t_2 - t_1} = -4.9(t_1 + t_2) + 4.8$.

追问：利用计算工具计算 $0 \leqslant t \leqslant \dfrac{48}{49}$ 这段时间内的平均速度，你认为用运动员在该时间段内的平均速度，近似描述运动员在这段时间内的运动状态有什么问题？

师生活动：先由学生计算得出这段时间内运动员的平均速度为 0，教师再问学生用平均速度表述运动员的运动状态是否合理，引发认知冲突，自然地引出瞬时速度的概念.

设计意图：让学生掌握用平均速度近似描述运动员的运动状态的方法，并发现平均速度不能准确地刻画运动员的运动状态，体会研究瞬时速度的必

167

要性.

环节二　问题研讨，抽象概念

问题 2：瞬时速度与平均速度有什么关系？你能利用这种关系求运动员在 $t=1$ s 时的瞬时速度吗？

师生活动：教师首先引导学生认识瞬时速度与平均速度之间的关系：设运动员在 t_0 时刻附近某一时间段内的平均速度是 $\bar{v}$，可以想象，如果不断缩短这一时间段的长度，那么 $\bar{v}$ 将越来越趋近于运动员在 t 时刻的瞬时速度. 进而让学生尝试利用这种关系求运动员在 $t=1$ s 时的瞬时速度：对于给定的时间间隔 Δt，先计算运动员在时间段 $[1, 1+\Delta t]$ ($\Delta t > 0$) 内的平均速度，观察当 Δt 取正值并不断趋近于 0 时，平均速度有什么变化趋势；再计算运动员在时间段 $[1+\Delta t, 1]$ ($\Delta t < 0$) 内的平均速度，观察当 Δt 取负值并不断趋近于 0 时，能否得出同样结论.

（1）教师利用信息技术工具演示平均速度 $\Delta t > 0$ 逼近瞬时速度的计算过程，得出下表.

E	F	G
Δt	$[1, 1+\Delta t]$	
-10		
0.01	-5.049	
0.001	-5.0049	
0.0001	-5.00049	
0.00001	-5.0000489999	
0.000001	-5.0000049008	
0.0000001	-5.0000004848	
0.00000001	-4.9999998808	
0.000000001	-5.0000004137	
0.0000000001	-4.9999826501	

（2）学生利用信息技术工具计算平均速度 $\Delta t < 0$，观察平均速度逼近瞬时速度的过程，如下表.

A	B	C
	Δt	$[1+\Delta t, 1]$
	−0.01	−4.951
	−0.001	−4.9951
	−0.0001	−4.99951
	−0.00001	−4.9999510001
	−0.000001	−4.9999951024
	−0.0000001	−4.9999995255
	−0.00000001	−5.0000000584
	−0.000000001	−5.0000004137
	−0.0000000001	−5.0000181773

（3）让学生观察上面两个表格，给出自己的发现，教师点评后总结出结论：随着时间间隔的不断变小，平均速度不断地接近于常数−5.

进一步地，让学生思考常数−5 的意义，教师在此基础上进行点评总结，并解释瞬时速度取负数的意义.

追问1：你认为通过上述列表计算得出瞬时速度的过程可靠吗？

师生活动：学生独立思考、讨论，选若干学生发言. 教师点评学生的发言，启发学生认识到：从上述计算的平均速度的值来看，尽管我们发现"随着时间间隔的不断变小，平均速度不断地接近于常数−5"，但这种计算是有限的，不能断定平均速度永远具有这种特征，所以需要寻求更令人信服的方法加以"说明".

接着，教师引导学生利用解析式"说明"上面发现的结论：由 $h(t) = -4.9t^2 + 4.8t + 11$ 得运动员在时间段 1 与 $1+\Delta t(\Delta t \neq 0)$ 之间的平均速度

$$\bar{v} = \frac{h(1+\Delta t) - h(1)}{\Delta t}$$

$$= \frac{-4.9(1+\Delta t)^2 + 4.8(1+\Delta t) + 11 - (-4.9 + 4.8 + 11)}{\Delta t}$$

$$= -4.9\Delta t - 5.$$

当 Δt 趋近于 0 时，$-4.9\Delta t$ 也趋近于 0，所以 $\bar{v}$ 趋近于 -5. 这与前面得到的结论一致. 数学中，我们把 -5 叫作 $\bar{v}=\dfrac{h(1+\Delta t)-h(1)}{\Delta t}$ 在 Δt 趋近于 0 时的极限，记为

$$\lim_{\Delta t \to 0}\dfrac{h(1+\Delta t)-h(1)}{\Delta t}=-5.$$

追问 2：请大家自己选择一个恰当的运动时刻，用上述方法，计算相应的瞬时速度.

师生活动：学生独立完成并上传自己的操作过程，教师点评.

设计意图：借助信息技术工具，从数值和解析式两个维度观察平均速度的变化趋势；让学生经历用平均速度"逼近"瞬时速度的过程，理解瞬时速度就是平均速度的极限，并由此初步体会极限思想，体会"用运动变化观点研究问题""以直代曲"等微积分思想.

问题 3：我们已经计算出 $t=1$ s，$t=2$ s 的瞬时速度，那么对于某一时刻 t_0，你能计算出瞬时速度吗？

师生活动：学生思考计算，上传自己的解答. 教师通过信息技术平台展示学生的解答过程并点评其中的问题，强调瞬时速度的极限表示，给出规范的解答.

运动员在时间段 t_0 与 $t_0+\Delta t$ 之间的平均速度

$$\bar{v}=\dfrac{h(t_0+\Delta t)-h(t_0)}{\Delta t}=-4.9\Delta t-9.8t_0+4.8$$

令 $\Delta t \to 0$，则

$$\bar{v}=-4.9\Delta t-9.8t_0+4.8 \to -9.8t_0+4.8.$$

可见瞬时速度是一个只与 t_0 有关的值，不妨记为 $v(t_0)$，即

$$v(t_0)=\lim_{\Delta t \to 0}\bar{v}=\lim_{\Delta t \to 0}(-4.9\Delta t-9.8t_0+4.8)=-9.8t_0+4.8.$$

所以，运动员在某一时刻 t_0 的瞬时速度为

$$v(t_0)=-9.8t_0+4.8.$$

设计意图：将求某一具体时刻瞬时速度的方法推广到一般情形，体会从特殊到一般的数学思想，从运算角度体会求瞬时速度的过程，提升数学运算

素养，并为后续抽象导数（瞬时变化率）概念做好铺垫．

环节三　课堂小结

问题 4：请同学们回顾本节课的学习内容，并回答下列问题：

(1) 平均速度与瞬时速度各自是如何刻画运动状态的？二者有什么关系？

(2) 你能总结一下求瞬时速度的过程、方法以及最终结果的形式吗？

(3) 我们用平均速度来逼近瞬时速度，可以发现，逼近的过程是动态的，而最终的结果是一个确定的值．对此你有什么看法？

师生活动：让学生先独立总结，再进行全班交流，教师适时与学生互动，总结出求瞬时速度的过程与方法．对于（3），只要学生说出自己的感受即可，教师可以适当引导．例如，从运动的角度、直觉和几何直观等方面，都给我们以平均速度趋近于瞬时速度的感觉．而对于一个连续的变化过程，这种感觉是对的，要使这个问题得到确切无疑的解决则要用到微积分更进一步的知识．

设计意图：通过小结，梳理本节课学习的内容和思想方法，引导学生进一步体会极限思想，为后面抽象导数的概念奠定基础．

▶ 课后作业

1. 一个小球从 5 m 的高处自由下落，其运动方程为 $s(t) = -4.9t^2$．求 $t = 1$ s 时小球的瞬时速度．

2. 圆的面积 S 与半径 R 的关系为 $S = \pi R^2$，求 $R = 52$ cm 时面积关于半径的瞬时变化率．

设计意图：以上两个问题均考查学生对用平均速度逼近瞬时速度的认识，体会极限思想，为建立导数概念做好准备．

3. 人教版《普通高中教科书 数学 选择性必修 第二册》第 70 至第 71 页，习题 5.1，第 1，3，8 题．

附：学生学习评价

评价内容	评价要求	关键能力评价	思想方法评价
平均速度	理解	抽象概括	
瞬时速度	理解	抽象概括	

选择性必修 第三册

教学设计1 6.1 分类加法计数原理与分步乘法计数原理

一、单元内容和内容解析

1. 内容

分类加法计数原理、分步乘法计数原理.

2. 知识结构图

归纳两个计数原理 → 理解和掌握两个计数原理 → 应用原理解决计数问题

3. 内容解析

(1) 内容的本质

计数就是数数. 原理是在大量观察、实践的基础上,经过抽象、归纳、概括而得出具有普遍意义的基本规律.

(2) 内容蕴含的数学思想和方法

运用分类加法计数原理解决问题是将一个复杂的计数问题分解为若干"类别",再分类解决;运用分步乘法计数原理解决问题则是将一个复杂的计数问题分解为若干"步骤",先对每个步骤分类处理,再分步完成. 综合运用两个计数原理就是将综合问题分解为多个单一问题,再对每个单一问题各个击破. 也就是说,两个计数原理的教学中蕴含着化归与转化的思想、分类与整合的思想以及特殊与一般的思想.

(3) 知识的上下位关系

两个计数原理实际上是学生从小学就开始学习的加法运算与乘法运算的拓展应用,是体现加法与乘法运算相互转化的典型例证. 两个计数原理不仅是继续学习排列、组合和二项式定理的理论依据,更是处理计数问题的两种基本思想方法,在本章中是奠基性的知识.

(4) 内容的育人价值

以退为进,以简驭繁,化难为易,化繁为简,是理解和掌握两个计数原理的关键,运用两个计数原理是知识转化为能力的催化剂. 本单元的主要任务是如何依托学生已有的认知基础总结得出两个计数原理,并能初步领会应用原理简洁地解决计数问题的要领,达到数学培养人的教育目的.

(5) 教学重点

归纳出两个计数原理,并能初步用其解决一些简单的实际问题.

本单元安排2个课时教学.

第1课时 分类加法计数原理与分步乘法计数原理;

第2课时 计数原理的应用.

二、单元目标和目标解析

(1) 目标

①通过给出的具体实例,学生经历两个计数原理的抽象概括的发现过程,体会从特殊到一般的思维过程;

②根据具体的问题情境,总结出应用两个计数原理的基本步骤;

③通过变式练习、引例探究和列举实例,领悟运用两个计数原理所包含的化归与转化、分类与整合和特殊与一般的思想方法,以及以退为进等解决计数问题的思维策略.

(2) 目标解析

达成上述目标的标志:

①通过具体的例子,经历归纳两个计数原理的过程,认识并能说出两个计数原理的联系与区别;

②能描述一个具体的问题中"完成一件事"的具体含义,能说出"分类"

与"分步"的区别；

③经历运用计数原理解决简单问题的过程，会正确选择和应用两个计数原理解决一些简单的实际问题.

三、单元教学问题诊断分析

计数问题学生并不陌生，在不同的学段都有相应的接触，特别是在人教版《普通高中教科书 数学 必修 第二册》10.1.3"古典概型"学习时，学生已经学会了用列举法解决最简单的计数问题；同时在学习和生活中，学生已经不自觉地会使用"分类"和"分步"的方法来思考和解决问题，这些都是学生学习两个计数原理的认知基础.

两个计数原理虽简单朴素，易学好懂，但如何让学生借助已有的数学活动经验，抽象概括出两个计数原理，并领悟其中重要的数学思想方法，实现认知的飞跃，则是本课必须要突破的难点所在. 为此，突破以下两个教学难点尤为重要：

一是要通过典型丰富的实例来帮助学生完成归纳提炼的过程，加强学生应用两个计数原理解决问题的意识——这是有效提升学生抽象概括能力的契机；

二是要在解决问题的过程中，始终突出两个计数原理的核心要素，即弄清"完成一件事"的含义和区分"分步"与"分类"的特征——这是如何选择和运用两个计数原理的关键.

四、单元教学支持条件分析

本单元是概念原理课，可以利用希沃白板，采用"情景引入—问题诱导—实例探究—抽象概括—原理应用—归纳总结—拓展铺垫"的探究发现式教学方法，引导学生在不断思考中获取两个计数原理的发现过程，并在加法与乘法相互转化的过程中提炼归纳两个计数原理，引导学生逐步加深对两个计数原理本质的认识.

五、单元课时教学设计

第 1 课时　分类加法计数原理与分步乘法计数原理

▶ 课时教学内容

本节课主要学习分类加法计数原理与分步乘法计数原理.

▶ 课时教学目标

(1) 通过实例能归纳总结出分类加法计数原理与分步乘法计数原理.

(2) 正确理解"完成一件事情"的含义，能根据具体问题的特征，选择"分类"或"分步".

(3) 能利用两个原理解决一些简单的实际问题.

(4) 经历两个原理的形成过程，会利用两个原理解决一些简单的实际问题，提升数学抽象、逻辑推理、数学运算以及数学建模等核心素养.

▶ 教学重点与难点

重点：分类加法计数原理、分步乘法计数原理及其简单应用以及数学学科核心素养的渗透.

难点：准确应用两个计数原理解决问题.

▶ 教学过程

环节一　情境引入

引导语：计数问题是我们从小就经常遇到的，通过列举一个一个地数是计数的基本方法，但当问题中的数量很大时，列举的方法效率不高，能否设计巧妙的"数法"，以提高效率呢？下面先分析一个简单的问题，并尝试从中得出巧妙的计数方法.

设计意图：通过导语，帮助学生回顾计数问题，引出学习课题.

环节二　问题导学

问题1：用一个大写的英文字母或一个阿拉伯数字给教室里的一个座位编号，总共能编出多少种不同的号码？

师生活动：因为英文字母共有 26 个，阿拉伯数字共有 10 个，所以总共可以编出 26＋10＝36（种）不同的号码.

问题 2：你能说说这个问题的特征吗？

师生活动：教师引导学生对问题 1 进行分析，得出计数过程的基本环节：

①确定分类标准，根据问题条件分为字母号码和数字号码两类；

②分别计算各类号码的个数；

③各类号码的个数相加，得出所有号码的个数.

追问：你能举出一些生活中类似的例子吗？

一般地，有如下分类加法计数原理：完成一件事，有两类办法. 在第 1 类办法中有 m 种不同的方法，在第 2 类办法中有 n 种不同的方法，则完成这件事共有：$N=m+n$（种）不同的方法.

设计意图：通过具体问题，激发学生思考，通过分析、比较、归纳，形成对计数原理的认识. 发展学生数学运算、数学抽象和数学建模的核心素养.

环节三 典例解析

例 1 在填写高考志愿时，一名高中毕业生了解到，A，B 两所大学各有一些自己感兴趣的强项专业，如表，

A大学	B大学
生物学	数学
化学	会计学
医学	信息技术学
物理学	法学
工程学	

如果这名同学只能选一个专业，那么他共有多少种选择？

师生活动：在教师的引导下，学生对问题进行分析与解答.

分析：要完成的事情是"选一个专业". 因为这名同学在 A，B 两所大学中只能选择一所，而且只能选择一个专业，又因为这两所大学没有共同的强项专业，所以符合分类加法计数原理的条件.

解：这名同学可以选择 A，B 两所大学中的一所，在 A 大学中有 5 种专业选择方法，在 B 大学中有 4 种专业选择方法，因为没有一个强项专业是两所大学共有的，所以根据分类加法计数原理，这名同学可能的专业选择种数

$N=5+4=9$.

问题 3：如果完成一件事有三类不同方案，在第一类方案中有 m_1 种不同的方法，在第二类方案中有 m_2 种不同的方法，在第三类方案中有 m_3 种不同的方法，那么完成这件事共有多少种不同的方法？如果完成一件事情有 N 类不同方案，在每一类中都有若干种不同的方法，那么应该如何计数呢？

师生活动：学生思考问题得出 $N=m_1+m_2+m_3$，并归纳小结分类加法计数原理：完成一件事，如果有 n 类办法，且：第一类办法中有 m_1 种不同的方法，第二类办法中有 m_2 种不同的方法……第 n 类办法中有 m_n 种不同的方法，那么完成这件事共有 $N=m_1+m_2+\cdots+m_n$（种）不同的方法.

归纳小结：利用分类加法计数原理解题的一般思路：

①分类：将完成这件事的办法分成若干类；

②计数：求出每一类中的方法数；

③结论：将每一类中的方法数相加得最终结果.

设计意图：通过例 1 初步体会分步加法计数原理的应用，通过问题 3 进一步体会分步加法计数原理，并且归纳总结出分类加法计数原理解题的一般思路，对培养学生的观察分析、归纳总结能力有着积极作用.

跟踪训练 1：在所有的两位数中，个位数字大于十位数字的两位数的个数是（　　）.

A．18　　　　B．36　　　　C．72　　　　D．48

答案：B

评价层级：

层级 A：能通过列举法解决问题.

层级 B：能够从按十位上的数字或按个位上的数字两个方向思考问题.

层级 C：能够考虑两位数的个位数字与十位数字的大小关系，利用对应思想解决问题.

设计意图：考查学生分步加法计数原理的实际应用.

问题 4：用前 6 个大写的英文字母和 1～9 个阿拉伯数字，以 A_1，A_2，…，A_9，B_1，B_2，…的方式给教室里的座位编号，总共能编出多少种不同的号码？

解：（方法一）解决计数问题可以用"树状图"列举出来．

（方法二）由于6个英文字母中的任意一个都能与9个数字中的任意一个组成一个号码，而且它们互不相同，因此共有6×9＝54（种）不同的号码．

问题5：你能说说这个问题的特征吗？

师生活动：在教师引导下，学生概括出问题的基本特征，教师进一步规范上述计数过程的基本环节：

①由问题条件中的"和"，可确定完成编号要分两步；

②分别计算各步号码的个数；

③将各步号码的个数相乘，得出所有号码的个数．

追问：你能举出一些生活中类似的例子吗？

师生活动：学生列举出生活中的例子，教师给予点评．

设计意图：通过问题4初步感受分步乘法计数原理，通过问题5归纳计数过程的基本环节，从而培养学生的归纳总结能力，通过追问2建立起数学与实际问题间的联系，激发学生对数学的学习兴趣．

例2 设某班有男生30名，女生24名．现要从中选出男、女生各一名代表班级参加比赛，共有多少种不同的选法？

分析：选出一组参赛代表，可分两步：第一步，选男生；第二步，选女生．

解：第一步，从30名男生中选出1人，有30种不同选择；

第二步，从24名女生中选出1人，有24种不同选择；

根据分步计数原理，共有30×24＝720（种）不同方法．

问题6：如果完成一件事有三个步骤，做第1步有 m_1 种不同的方法，做第2步有 m_2 种不同的方法，做第3步有 m_3 种不同的方法，那么完成这件事共有多少种不同的方法？

$$N = m_1 \times m_2 \times m_3$$

追问：如果完成一件事需要有 n 个步骤，做每一步中都有若干种不同方法，那么应当如何计数呢？

师生活动：教师引导学生进行问题的思考.

如果完成一件事需要 n 个步骤，做第 1 步有 m_1 种不同的方法，做第 2 步有 m_2 种不同的方法……做第 n 步有 m_n 种不同的方法，那么完成这件事的方法总数如何计算？

分步乘法计数原理一般结论：
$$N=m_1\times m_2\times\cdots\times m_n$$

设计意图：通过例 2 进一步体会分步乘法计数原理的实际应用，通过问题 6 与追问 3 归纳出分步乘法计数原理一般结论，培养学生的数学思维能力.

例 3 书架上第 1 层放有 4 本不同的计算机书，第 2 层放有 3 本不同的文艺书，第 3 层放有 2 本不同的体育杂志.

（1）从书架上任取 1 本书，有多少种不同的取法？

（2）从书架的第 1、2、3 层各取 1 本书，有多少种不同取法？

（3）从书架上取 2 本不同学科的书，有多少种不同的取法？

解：（1）根据分类加法计数原理可得：$N=4+3+2=9$.

（2）根据分步乘法计数原理可得：$N=4\times3\times2=24$.

（3）需先分类再分步.

第一类：从一、二层各取一本，有 $4\times3=12$（种）方法；

第二类：从一、三层各取一本，有 $4\times2=8$（种）方法；

第三类：从二、三层各取一本，有 $3\times2=6$（种）方法；

根据两个基本原理，不同的取法总数是
$$N=4\times3+4\times2+3\times2=26.$$

归纳小结：应用分步乘法计数原理解题的一般思路：

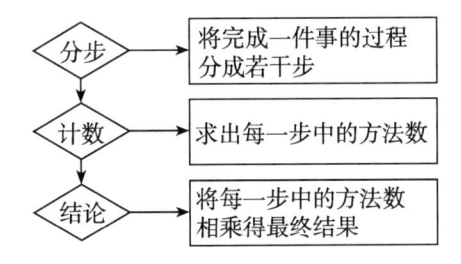

分步 → 将完成一件事的过程分成若干步

计数 → 求出每一步中的方法数

结论 → 将每一步中的方法数相乘得最终结果

设计意图：初步体会分类加法计数原理与分步乘法计数原理的综合应用，

并归纳出应用分步乘法计数原理解题的一般思路,培养学生分析问题、解决问题的能力.

跟踪训练2:有6名同学报名参加三个智力竞赛项目,在下列情况下各有多少种不同的报名方法?(不一定6名同学都参加)

(1)每人恰好参加一项,每项人数不限;

(2)每项限报一人,且每人至多参加一项;

(3)每项限报一人,但每人参加的项目不限.

解:(1)每人都可以从这三个比赛项目中选报一项,各有3种不同的报名方法.根据分步乘法计数原理,可得不同的报名方法种数为 $3^6 = 729$.

(2)每项限报一人,且每人至多参加一项,因此可由项目选人,第一个项目有6种选法,第二个项目有5种选法,第三个项目有4种选法.根据分步乘法计数原理,可得不同的报名方法种数为 $6 \times 5 \times 4 = 120$.

(3)每人参加的项目不限,因此每一个项目都可以从这6人中选出1人参赛.根据分步乘法计数原理,可得不同的报名方法种数为 $6^3 = 216$.

评价层级:

层级A:知道分类加法计数原理与分步乘法计数原理.

层级B:知道分类加法计数原理与分步乘法计数原理,并正确解决问题.

层级C:熟练掌握分类加法计数原理与分步乘法计数原理,并能了解它们的联系和区别,正确解决问题.

设计意图:在典例分析和练习中让学生熟悉两个计数原理的基本步骤,并能了解它们的联系和区别,发展学生逻辑推理、直观想象、数学抽象和数学运算的核心素养.

环节五 反思总结

问题7:两个原理的联系与区别是什么?

师生活动:学生思考回答,教师补充完善,板书出示.

(1)联系:分类加法计数原理和分步乘法计数原理都是解决计数问题最基本、最重要的方法.

(2)区别

	分类加法计数原理	分步乘法计数原理
区别一	完成一件事共有 n 类办法，关键词是"分类"	完成一件事共有 n 个步骤，关键词是"分步"
区别二	每类办法中的每种方法都能独立地完成这件事，它是独立的、一次的，且每种方法得到的都是最后结果，只需一种方法就可完成这件事	除最后一步外，其他每步得到的只是中间结果，任何一步都不能独立完成这件事，缺少任何一步也不能完成这件事，只有各个步骤都完成了，才能完成这件事
区别三	各类办法之间是互斥的、并列的、独立的	各步之间是关联的、独立的，"关联"确保不遗漏，"独立"确保不重复

设计意图：通过总结，让学生进一步巩固本节所学内容，提高概括能力.

▶ 课后作业

1. 某教师有相同的语文参考书 3 本，相同的数学参考书 4 本，从中取出 4 本赠送给 4 位学生，每位学生 1 本，则不同的赠送方法共有（　　）种.

　　A. 20　　　　B. 15　　　　C. 10　　　　D. 4

设计意图：本题考查学生对分类加法计数原理的理解与应用.

2. 现有 6 名同学去听同时进行的 5 个课外知识讲座，每名同学可自由选择其中的一个讲座，不同的选法的种数是（　　）.

　　A. 5^6　　　　B. 6^5　　　　C. 30　　　　D. 11

设计意图：本题考查学生对分步乘法计数原理的理解与应用.

3. 如图所示的电路图，从 A 到 B 共有＿＿＿＿条不同的线路可通电.

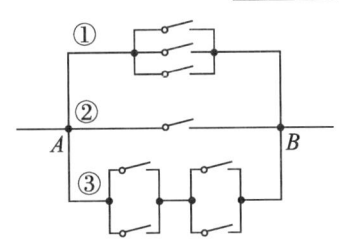

设计意图：本题考查学生对分类加法计数原理与分步乘法计数原理的综合理解与应用.

4. 如图，一只蚂蚁沿着长方体的棱，从顶点 A 爬到相对顶点 C_1，求其中经过 3 条棱的路线共有多少条？

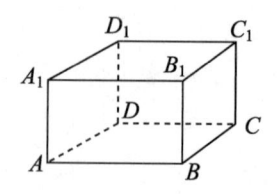

设计意图： 通过练习巩固本节所学知识，学生解决问题，发展学生的数学运算、逻辑推理、直观想象、数学建模的核心素养．

教学设计 2　7.2　随机变量及其分布

一、单元内容及其解析

1. 内容

随机变量、离散型随机变量及其分布、离散型随机变量的数字特征、二项分布与超几何分布、正态分布．

2. 知识框图

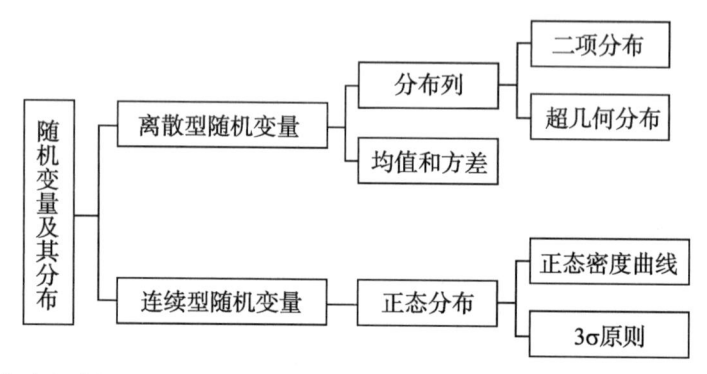

3. 内容解析

随机变量是对随机试验可能结果的量化表示，本质上是样本空间到实数集的映射．随机变量概念的引入，实现了用数字描述随机现象，从而可运用数学工具来研究随机现象．用随机变量沟通数与随机现象之间的联系是数学抽象的重要形式，也是数学应用广泛性的体现．随机变量能反映随机现象的共性，随机变量的分布描述了随机变量取值的概率规律，进而得出有关随机变量的一般性结论，可应用到具有不同背景的实际问题中.

概率从量化的角度研究随机现象的统计规律性，根据随机试验建立样本空间，运用概率计算公式，可求随机事件的概率，但孤立考虑个别事件的概率，其研究方法缺乏一般性. 解决该问题的关键是引入随机变量及其分布的概念. 随机变量的引入是概率研究对象的进一步抽象，不同的随机现象对应不同类型的随机变量. 有了随机变量的概念就可以根据随机变量的类型，选择适当的数学工具描述其概率分布和构造其数字特征，进行概率决策.

随机变量概念的引入体现了以简洁、统一的数学方式研究问题的思想，这是基本而重要的数学思想. 利用类比的方法学习新知识是一种重要的认知途径. 本单元通过类比函数的表示法表示分布列、类比概率的基本性质探究分布列的性质都用到了类比思想；随机变量等概念的形成都是由特殊到一般，由具体到抽象，通过归纳得出，这是数学研究中常用的思想方法，也是数学教学应该遵循的原则；研究离散型随机变量及其分布列的过程，蕴含着利用研究对象的性质探寻解决问题的方法、将复杂问题化归简单问题的数学思想.

本单元可引导学生理解用随机变量刻画随机现象，感悟随机变量与随机事件的关系，更深入体会随机思想在解决实际问题中的作用；学生在解决实际问题的过程中，提升用概率方法解决问题的能力，发展数学抽象、逻辑推理、数学运算等素养.

基于以上分析，本单元教学重点是随机变量的概念、离散型随机变量的分布列及数字特征、二项分布及数字特征、超几何分布及均值、正态分布.

本单元安排 6 个课时教学.

第 1 课时　离散型随机变量及其分布；

第 2 课时　离散型随机变量的均值；

第 3 课时　离散型随机变量的方差；

第 4 课时　二项分布；

第 5 课时　超几何分布；

第 6 课时　正态分布.

二、单元目标及其解析

1. 目标

（1）通过实例，了解离散型随机变量的概念，重点提升数学抽象、逻辑推理素养.

（2）通过实例，理解离散型随机变量的分布列，重点提升数学抽象、数学运算素养.

（3）通过实例，理解离散型随机变量的数字特征，重点提升数学抽象、数学运算素养.

（4）通过实例，了解伯努利试验，掌握二项分布及其数字特征，并能解决简单的实际问题.

（5）通过实例，了解超几何分布及其均值，并能解决简单的实际问题.

（6）通过误差模型，了解服从正态分布的随机变量. 通过具体实例，借助频率直方图的直观，了解正态分布的特征.

（7）了解正态分布的均值、方差及其含义.

2. 目标解析

达成以上目标的标志是：

（1）学生能通过建立样本点与实数之间的关系，知道随机试验样本空间中每一个样本点都有唯一的实数与之对应，会确定随机变量，知道可通过随机变量更好地刻画随机现象.

（2）能抽象离散型随机变量的概念，会根据概率的性质获得离散型随机变量分布列的性质，会求简单的离散型随机变量的分布列.

（3）学生能抽象出二项分布、超几何分布的概念，能判断何时适用二项分布、超几何分布模型计算概率，探究二项分布、超几何分布的数字特征，通过计算机软件比较二项分布和超几何分布的异同，而不是盲目生搬硬套某种概率模型.

（4）学生能通过正态分布理解连续型随机变量与离散型随机变量的区别.

（5）学生能通过常见分布的学习掌握对于一种新的分布先研究分布列再

探究数字特征的一般方法.

三、单元教学问题诊断分析

本单元是必修部分概率内容的延续，在学生了解条件概率及其与独立性关系之后，通过本单元的学习，理解离散型随机变量及其分布列，知道可通过随机变量更好地刻画随机现象；了解伯努利试验，掌握二项分布及其数字特征，了解超几何分布及其均值；了解服从正态分布的随机变量及正态分布的特征，了解连续型随机变量；基于随机变量及其分布解决实际问题.

由于核心素养具有阶段性特点，所以在分解单元目标时依教学内容要求进行课时分解，从离散型随机变量到连续型随机变量，分别理解其概念与分布，既关注每一课时的教学目标，也关注单元的教学目标；由于核心素养具有连续性特点，所以在设计教学活动时，要保持研究随机变量的一般方法，既重视数学本质、在过程中形成核心概念，也重视教学结构的一致、逻辑的连贯等；由于核心素养具有整合性特点，所以在设计教学问题时，要重视提炼研究问题的基本套路，在对随机试验可能结果的量化表示到样本空间与实数集的映射关系，逐步实现用数字描述随机现象，运用数学工具来研究随机现象，进而形成一般观念，培育理性思维和科学精神以及解决实际问题能力.

在离散型随机变量及其分布列学习中，学生已经学习了有关统计概率的基本知识，也全面学习了排列组合的有关内容，已经能够刻画随机事件、计算随机事件的概率、理解概率的性质，初步积累了构建概率模型解决实际问题的能力，也初步体会到利用数学工具与数学模型解决问题的便利. 在古典概率的学习过程中，已基本掌握了离散型随机变量取某些值时对应的概率，初步具备方法上的准备.

但学生对于随机事件的理解还比较具体化，并未建立样本点与实数之间、样本空间与实数集之间的对应关系，因此学生对于进一步抽象，引入随机变量的概念还存在困难. 学生已具备一定的观察、分析问题的能力，这是学生学习方法的基础. 离散型随机变量的定义与函数的定义类似，类比实数与实数集的对应关系，来学习样本点与样本空间的对应关系，类比函数的三种表示方法来表示离散型随机变量的分布列，是学生学习离散型随机变量定义与分布列的基本方式，也是提升处理抽象问题的能力的方法．

四、单元教学支持条件分析

由于随机变量及其分布列的学习要结合古典概型的具体问题，因此需要提供直观的模型帮助学生理解概念．可借助树状图、列表、卡片实物等直观化的方法帮助分析问题，也可以借助随机模拟的方法，由信息技术工具先模拟计算出概率，帮助直观了解随机变量分布列与不同取值的概率之间的关系．

五、单元课时教学设计

第 1 课时　离散型随机变量及其分布列

▶ 教学内容

随机变量、离散型随机变量的概念，离散型随机变量的分布列．

▶ 教学目标

结合古典概型，通过具体实例，了解离散型随机变量的概念；理解离散型随机变量的分布列及其性质，能够应用离散型随机变量的分布列解决问题，并运用其性质对分布列进行检验．

▶ 教学重点和难点

（1）重点：随机变量和离散型随机变量的概念．

（2）难点：随机变量和离散型随机变量概念生成的过程中与函数类比思想．

▶ 教学过程

环节一　情境引入

问题 1：随机试验的样本空间与实数集之间能否建立某种对应关系呢？

类比函数在数集与数集之间建立对应关系，如果我们在随机试验的样本空间与实数集之间建立某种对应，将不仅可以为一些随机事件的表示带来方便，而且能很好地利用数学工具研究随机试验．

追问：如何建立样本空间与数值之间的关系？

有些随机试验的样本空间与数值有关系，如骰子、射击环数，我们可以直接与实数建立关系.

有些随机试验的样本空间与数值没有直接关系，可以根据问题的需要为每个样本点指定一个数值.

师生活动：简洁引入，回顾随机试验与函数概念，并给出 3 个例子，再让学生讨论，自主建立样本空间，其中例子 1、2 都是原本就有对应数值的，例子 3 是没有的，需要进行设置指定.

设计意图：希望通过具体实例，类比函数的概念，引导学生实现样本空间数量化，并理解数量化的好处，同时理解随机变量的随机性，培养学生直观感知的素养.

环节二　形成随机变量概念及概念辨析

考查下列随机试验及其引入的变量.

试验 1：从 100 个电子元件（至少含 3 个以上次品）中随机抽取三个进行试验，变量 X 表示三个元件中次品数；

试验 2：抛掷一枚硬币直到出现正面为止，变量 Y 表示需要的抛掷次数.

问题 2：这两个随机试验的样本空间各是什么？

追问 1：各个样本点与变量的值是如何对应的？

每个样本点都有唯一的一个实数与之对应.

追问 2：变量 X，Y 有哪些共同的特征？

(1) 取值依赖于样本点；(2) 所有可能取值是明确的.

从而总结：

(1) 随机变量的定义：一般地对于随机试验样本空间 Ω 中的每个样本点 ω，都有唯一的实数 $X(\omega)$ 与之对应，我们称 X 为随机变量.

(2) 离散型随机变量的定义：可能取值为有限个或可以一一列举的随机变量，我们称为离散型随机变量. 通常用大写英文字母表示随机变量，例如 X，Y，Z；用小写英文字母表示随机变量的取值，例如 x，y，z.

概念辨析：

(1) 类比函数联系和区别.

187

(2) 随机变量的分类：离散型和连续型.

总结随机变量的特点：

(1) 可以用数字表示.

(2) 试验之前可以判断其可能出现的所有值.

(3) 在试验之前不可能确定取何值（随机性）.

随机变量将随机事件的结果数量化.

师生活动：从探究活动中归纳出变量的共同特征，类比函数的定义，抽象出随机变量的概念，进一步分析实例，可以归纳得到离散型随机变量的概念. 概念生成后进行概念辨析.

设计意图：经历从实例中抽象出概念的过程，类比函数的定义，建立对应关系，并对该对应关系做进一步的梳理概括，抽象出随机变量的概念，发展学生从特殊到一般的数学方法以及函数思想，提升学生的数学抽象素养.

环节三　形成随机变量的分布列的概念，探究其性质

探究1　抛掷一枚骰子，所得的点数 X 有哪些值？取每个值的概率是多少？

由具体实例抽象出离散型随机变量的分布列的概念：

一般地，当离散型随机变量 X 的取值为 $x_1, x_2, \cdots, x_n$ 时，我们称 X 取每一个值 x_i 的概率 $P(X=x_i)=p_i$，$i \in \{1, 2, \cdots, n\}$，为 X 的概率分布列.

离散型随机变量 X 的概率分布可以用如下形式的表格表示，这个表格称为 X 的概率分布或分布列.

分布列的表示：类比函数可以用解析式、表格、图象表示. 离散型随机变量的分布列也可以用解析式、表格、图象表示.

解析式法：$P(X=x_i)=p_i$，$i \in \{1, 2, \cdots, n\}$

表格法：

X	x_1	x_2	$\cdots$	x_k	$\cdots$	x_n
P	p_1	p_2	$\cdots$	p_k	$\cdots$	p_n

图象法：

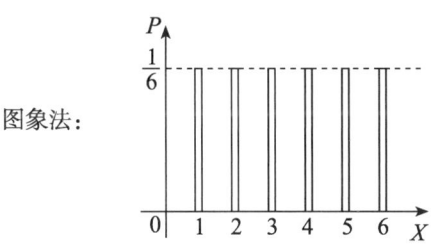

探究 2 离散型随机变量的分布列具有下述两个性质：

(1) $p_i \geqslant 0$，$i=1, 2, 3, \cdots, n$；

(2) $p_1+p_2+p_3+\cdots+p_n=1$.

以上性质是根据概率的性质得到的.

注意：①列出随机变量的所有可能取值；

②求出随机变量的每一个值发生的概率.

师生活动：学生通过概率性质的学习，已具有探究离散型随机变量分布列的性质的能力．在学生交流研究结果之后，教师总结出离散型随机变量的分布列具有的两个性质.

设计意图：对于离散型随机变量的分布列的概念学生容易理解，教师可以引导学生通过实例抽象出概念；而对于离散型随机变量分布列的性质，由学生自主探究，有利于学生加深对性质的理解，为利用分布列的性质计算概率作准备．该环节培养学生数学抽象、逻辑推理的素养.

环节四 离散型随机变量概念的应用

例 1 一批产品中次品率为 5%，随机抽取 1 件，

定义 $X=\begin{cases}1, & 抽到次品, \\ 0, & 抽到正品,\end{cases}$ 求 X 的分布列.

X	0	1
P	95%	5%

师生活动：学生解答，教师进行点评，并对该分布列归纳：

对于只有两个可能结果的随机试验，用 A 表示"成功"，$\overline{A}$ 表示"失败"，

定义 $X=\begin{cases}1, & A \text{ 发生}, \\ 0, & \overline{A} \text{ 发生}.\end{cases}$

如果 $P(A)=p$, 则 $P(\overline{A})=1-p$, 那么 X 的分布列如下表所示

X	0	1
P	$1-p$	p

我们称 X 服从两点分布或 0—1 分布.

例 2 某学校高二年级有 200 名学生, 他们的体育综合测试成绩分 5 个等级, 每个等级对应的分数和人数如下表所示.

从这 200 名学生中任意选取 1 人, 求所选学生分数 X 的分布列以及 $P(X \geqslant 4)$.

等级	不及格	及格	中等	良好	优秀
分数	1	2	3	4	5
人数	20	50	60	40	30

例 3 一批笔记本电脑共有 10 台, 其中 A 品牌 3 台, B 品牌 7 台. 如果从中随机挑选 2 台, 求这 2 台电脑中 A 品牌台数的分布列.

求离散型随机变量分布列时应注意的问题:

(1) 确定离散型随机变量 X 的分布列的关键是要清楚 X 取每一个值对应的随机事件, 进一步利用排列、组合知识求出 X 取每一个值的概率.

(2) 在求离散型随机变量 X 的分布列时, 要充分利用分布列的性质, 这样不但可以减少运算量, 还可以验证分布列是否正确.

师生活动: 先由学生自主完成例题的解答, 随后教师板书解答过程: 实际上, X 为在一次试验中成功 (事件 A) 发生的次数 (0 或 1), 像购买的彩券是否中奖、新生婴儿的性别、投篮是否命中等, 都可以用两点分布来描述.

设计意图: 通过具体实例, 学习两点分布, 3 个例子的应用加深学生对本节课离散型随机变量及其分布列的理解.

环节五 课堂小结

教师引导学生回顾本节课的学习过程, 并让学生回答以下几个问题:

（1）类比函数定义引入随机变量的概念，对你有什么启示？

（2）为什么要研究离散型随机变量的分布列？离散型随机变量的分布列有什么作用？

（3）根据本节课所举的例题，请你归纳求离散型随机变量分布列的一般步骤．

（4）分布列的性质在求解随机事件概率的过程中起到什么作用？

师生活动：教师提出问题，学生讨论并回答问题．

设计意图：小结本节课知识要点与数学思想方法．通过以上问题，梳理本节课的核心内容和思想方法，使学生整体上完整认识随机变量引入的成因、概念及其分布列，继续渗透研究数学对象的基本框架和基本方法．

▷ 课后作业

1. 袋中有大小相同的 5 个小球，分别标有 1、2、3、4、5 五个号码，现在在有放回的条件下取出两个小球，设两个小球号码之和为 X，则 X 所有可能值的个数是＿＿＿＿个；"$X=4$" 表示＿＿＿＿．

设计意图：考查学生对离散型随机变量概念的了解，以及用随机变量表示相关事件，并解释其意义的方法的掌握．

2. 如图，在平面直角坐标系 xOy 中，设 $A=\{(0,0),(1,0),(2,0)\}$，$B=\{(0,1),(2,1)\}$，$C=\{(0,2),(1,2),(2,2)\}$，令 $M=A\cup B\cup C$．从集合 M 中任取两个不同的点，用随机变量 X 表示它们之间的距离．求：

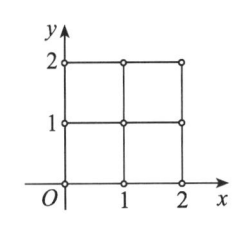

（1）X 的分布列；

（2）$P(X\leqslant 2)$．

设计意图：考查学生对随机变量分布列的理解，求随机变量分布列基本步骤的掌握，以及利用分布列求随机事件概率基本方法的掌握．

第 4 课时 二项分布

▷ 教学内容

n 重伯努利试验，二项分布及其数字特征．

▶ 教学目标

理解 n 重独立重复试验的模型（n 重伯努利试验）及其意义，并能解决一些简单的实际问题.

▶ 教学重点和难点

（1）重点：n 重伯努利试验，二项分布的定义、数字特征和应用.

（2）难点：二项分布的理解；二项分布在实际应用中概率分布列的实际含义.

▶ 教学过程

环节一　情境引入

引导语　众所周知，姚明通过自身努力成为了我国迄今为止成就最高的篮球运动员. 他职业生涯的罚球命中率为 0.8，假设他每次命中率都相同，你知道他在 3 次连续投篮中，投中次数的概率分布列是怎样的吗？我们今天要从一个新的角度来研究这个问题.

问题 1：分析下面的试验，它们有什么共同的特点？

（1）姚明投篮命中或者不中；

（2）在一定条件下，种子发芽或不发芽；

（3）医学检验结果阴性或阳性；

（4）购买的彩票中奖或不中奖；

（5）新生儿性别.

它们都可以用两点分布来描述，它们只包含两个可能结果，要么"发生"要么"不发生". 我们把只包含两种可能结果的试验定义为伯努利试验.

追问 1：下面 3 个试验和伯努利试验相关吗，它们有什么共同的特点？

（1）抛掷一枚质地均匀的硬币 10 次；

（2）某飞碟运动员每次射击中靶的概率为 0.8，连续射击 3 次；

（3）一批产品的次品率为 5%，有回放地随机抽取 20 件.

它们的共同特点是：

①同一个伯努利试验重复多次；

②各次试验的结果相互独立.

我们将一个伯努利试验独立重复进行 n 次所组成的随机试验称为 n 重伯努利试验.

追问 2：伯努利试验和 n 重伯努利试验有什么区别？

伯努利试验是一个"只有两个结果的试验"，我们关注某个事件 A 是否发生，n 重伯努利试验是对一个"只有两个结果的伯努利试验"独立、重复进行了 n 次，我们关注的是这个事件 A 发生的次数 X，进一步地，因为 X 是一个离散型随机变量，所以我们实际关心的是它的概率分布列.

设计意图：两点分布是学生已有的知识经验，它是用来描述只有两种结果的试验概型，进而创造思维的最近发展区，引导学生在丰富的实际案例中抽象出 n 重伯努利试验模型，理解 n 重伯努利试验满足的条件和它将解决的问题，从而激发学生的学习热情.

环节二　合作探究

探究 1　姚明职业生涯的罚球命中率为 0.8，假设他每次命中率都相同，3 次连续投篮中，投中次数 X 的概率分布列是怎样的？

问题 2：投中次数 X 的概率分布列是怎样的？

追问 1：能否表示出样本空间中所有样本点？

追问 2：随机事件之间是什么关系？

追问 3：$X=2$ 的含义是什么？

追问 4：如何计算它们的概率？

师生活动：用 A_i 表示"第 i 次投篮命中"（$i=1,2,3$），用树状图表示试验的可能结果.

由分步乘法计数原理，3 次独立重复试验共有 $2^3=8$ 种可能结果，它们两两互斥，每个结果都是 3 个互相独立事件的积，由概率的加法和乘法公式得概率.

$P(X=0)=P(\overline{A_1}\,\overline{A_2}\,\overline{A_3})=0.2^3,$

$P(X=1)=P(A_1\overline{A_2}\,\overline{A_3})+P(\overline{A_1}A_2\overline{A_3})+P(\overline{A_1}\,\overline{A_2}A_3)=3\times 0.8\times 0.2^2,$

$P(X=2)=P(\overline{A_1}A_2A_3)+P(A_1\overline{A_2}A_3)+P(A_1A_2\overline{A_3})=3\times 0.8^2\times 0.2,$

$P(X=3)=P(A_1A_2A_3)=0.8^3.$

其中 3 次投篮恰好 2 次投中的结果为：$\overline{A_1}A_2A_3$、$A_1\overline{A_2}A_3$、$A_1A_2\overline{A_3}$，它们的概率都相等，都为 $0.8^2 \times 0.2$，并且与哪两次中靶无关，因此 3 次投篮恰好 2 次投中的概率为 $C_3^2 \times 0.8^2 \times 0.2$. 同理可求投中 0 次，1 次，3 次的概率，因此投中次数 X 的概率分布列是 $P(X=k) = C_3^k \times 0.8^k \times 0.2^{3-k}$，$k = 0$，1，2，3.

追问 5：如果连续 4 次投篮，类比上面的分析，表示投中 2 次的结果有哪些？写出投中次数 X 的分布列.

设计意图： 引导学生通过计算归纳出 n 重伯努利试验模型中，事件 A 发生的次数 X 的概率分布列的计算公式，从而抽象出二项分布的概念.

环节三　概念生成

问题 3：你能抽象概括出一类概率问题的计算吗？

n 重伯努利试验模型中，事件 A 发生的次数 X 的概率分布列为

$$P(X=k) = C_n^k \times p^k \times (1-p)^{n-k}, k = 0, 1, \cdots, n.$$

进而给出二项分布的定义.

追问 1：二项分布与两点分布有何关系？

两点分布是一种特殊的二项分布，是 $n = 1$ 的二项分布.

追问 2：二项分布和二项式定理有何联系？

如果把 p 看成 b，$1-p$ 看成 a，则 $C_n^k \times p^k \times (1-p)^{n-k}$ 就是二项式 $[(1-p)+p]^n$ 的展开式的通项，由此才称为二项分布. 即

$$\sum_{k=0}^{n} P(X=k) = \sum_{k=0}^{n} C_n^k \times p^k \times (1-p)^{n-k} = [p+(1-p)]^n = 1.$$

问题 4：我们能否由上述例子，归纳出二项分布的一般定义？

二项分布的定义：一般地，在 n 重伯努利试验中，设每次试验中事件 A 发生的概率为 $p(0<p<1)$，用 X 表示事件 A 发生的次数，则 X 的分布列为

$$P(X=k) = C_n^k \times p^k \times (1-p)^{n-k}, k = 0, 1, \cdots, n.$$

如果随机变量 X 的分布列具有上式的形式，则称随机变量 X 服从二项分布，记作 $X \sim B(n, p)$.

设计意图： 通过姚明投篮问题让学生经历概念的自主建构过程，体会二项分布满足的条件：1. 对立性，一次试验中，事件 A 发生或者不发生二者必

有其一；2. 独立重复性，试验独立重复进行了 n 次. 理解二项分布中各个参数的含义：n 重为复试验的次数；$p(0<p<1)$ 为事件 A 发生的概率；k 为事件 A 发生的次数. 了解二项分布与两点分布、二项式定理之间的联系，知道二项分布名字的由来，从而理解学习数学是一个循序渐进的过程，在这个过程中多思考、多尝试才能融会贯通，活学活用.

环节四　学以致用

例 1　将一枚质地均匀的硬币重复抛掷 10 次，求：

（1）恰好出现 5 次正面朝上的概率；

（2）正面朝上出现的频率在 $[0.4,0.6]$ 内的概率.

问题 1：（1）是否服从二项分布？（2）对随机变量有怎样的要求？

师生活动 1：学生自主完成，教师板书示范.

师生活动 2：为了强化学生对其认识，教学过程中组织学生利用 GGB 软件进行模拟实验.

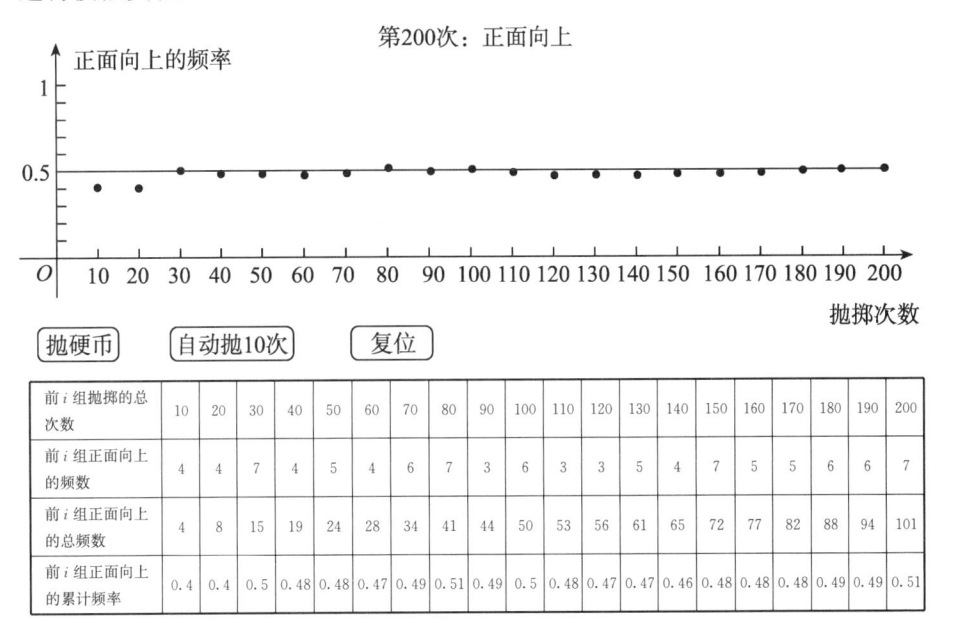

前 i 组抛掷的总次数	10	20	30	40	50	60	70	80	90	100	110	120	130	140	150	160	170	180	190	200
前 i 组正面向上的频数	4	4	7	4	5	4	6	6	3	3	6	3	5	4	7	5	5	6	6	7
前 i 组正面向上的总频数	4	8	15	19	24	28	34	41	44	50	53	56	61	65	72	77	82	88	94	101
前 i 组正面向上的累计频率	0.4	0.4	0.5	0.48	0.48	0.47	0.49	0.51	0.49	0.5	0.48	0.47	0.47	0.46	0.48	0.48	0.48	0.49	0.49	0.51

设计意图：概率分布不仅能解决实际问题，还能帮助人们澄清一些错误的认识. 学生在学习概率时会有一种误解，认为抛掷 10 次硬币，出现 5 次正面朝上的概率应该比较大，因为每次正面的概率都是 0.5，而事实上只有

0.246，它指的是许多人都抛掷 10 次均匀的硬币，其中大约 24.6% 的人恰好出现 5 次正面朝上．而总体来看正面出现次数约为一半，这和均匀硬币正面的概率为 0.5 是一致的．

例 2 如图是一块高尔顿板的示意图．在一块木板上钉着若干排相互平行但错开的圆柱形小木钉，小木钉之间留有适当的空隙作为通道，前面挡有一块玻璃，将小球从顶端放入，小球下落的过程中，每次碰到小木钉后都等可能地向左或向右落下，最后落入底部的格子中．格子从左到右分别编号为 0，1，2，…，10，用 X 表示小球最后落入格子的号码，求 X 的分布列．

师生活动 1：教师播放介绍高尔顿板试验的小视频，学生观看．教师补充：高尔顿板试验启示我们事物的发展大多是渐进和累积的，从全局的角度来考虑问题才能掌握事物的本质特性．后面随着我们数学学习的不断深入，同学们能更深入地体会高尔顿板试验对概率论与数理统计的贡献．

师生活动 2：学生分析，小球落入哪个格子取决于在下落过程中与各小木钉碰撞的结果，设试验为观察小球碰到小木钉后下落的方向，有"向左下落"和"向右下落"两种可能结果，且概率都是 0.5．在下落的过程中，小球共碰撞小木钉 10 次，且每次碰撞后下落方向不受上一次下落方向的影响，因此这是一个 10 重伯努利试验，小球最后落入格子的号码等于向右落下的次数，因此 X 服从二项分布．

设计意图：利用数学文化知识让学生更全面深入地了解二项分布的概念，体会其中的人文精神，激发学生进一步学习的动力，培养学生数学建模的素养．

例 3 甲、乙两选手进行象棋比赛，如果每局比赛甲获胜的概率为 0.6，乙获胜的概率为 0.4，那么采用 3 局 2 胜制还是采用 5 局 3 胜制对甲更有利？

师生活动 1：学生分析，判断哪个赛制对甲有利，就是看在哪个赛制中甲最终获胜的概率大，可以把"甲最终获胜"这个事件，按可能的比分情况表示为若干事件的和,再利用各局比赛结果的独立性逐个求概率.

追问:若3局2胜制,实际比赛中如果谁先赢2局就不再比第3局,这与二项分布计算中设赛满3局矛盾吗?

不矛盾,解释如下表所示,前两局甲连胜的概率为 $p^2=(1-p)p^2+p^3$,可以分解为前两局甲连胜,第三局甲胜或者不胜来计算,而三种情形总体来看 $3(1-p)p^2$ 表示二项分布中的 $P(X=2)$,而 p^3 表示 $P(X=3)$,因此两种计算方式其实是一致的,而二项分布的计算方式更简便,还可以做到不重不漏.

	第1局	第2局	第3局	概率
情形一	甲赢	甲赢		$p^2=$ $(1-p)p^2$ + p^3
情形二	甲赢	甲输	甲赢	$(1-p)p^2$
情形三	甲输	甲赢	甲赢	$(1-p)p^2$

实际上,比赛局数越多,对实力较强者越有利.

师生活动 2:为了强化学生对其认识,教学过程中组织学生利用GGB软件作图验证这一结论. 教师补充:这是一个非常有意思的结论,生活中的许多决策可以通过严密系统的数学来论证.

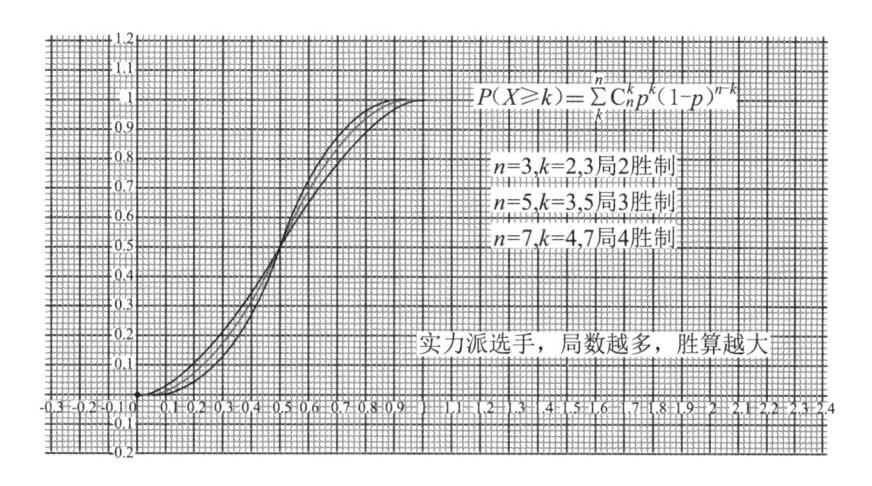

$P(X\geqslant k)=\sum\limits_{k}^{n}C_n^k p^k(1-p)^{n-k}$

$n=3,k=2,3$局2胜制
$n=5,k=3,5$局3胜制
$n=7,k=4,7$局4胜制

实力派选手,局数越多,胜算越大

方法归纳:一般地,确定一个二项分布模型的步骤如下:

(1) 明确伯努利试验及事件 A 的意义，确定事件 A 发生的概率 p；

(2) 确定重复试验的次数 n，并判断各次试验的独立性；

(3) 设 X 为 n 次独立重复试验中事件 A 发生的次数，则 $X \sim B(n, p)$.

设计意图：通过对比两种概率的计算方法，使学生了解二项分布计算的优越性，并通过作图软件验证"实力派选手，局数越多，胜算越大"这一结论，激发学生学习数学的热情.

环节五　性质探究

问题5：假设随机变量 $X \sim B(n, p)$，那么 X 的均值和方差各是什么？

师生活动：教师引导从特殊到一般的归纳猜想证明 X 的均值和方差.

猜想 $X \sim B(n, p)$，$E(X) = np$，$D(X) = np(1-p)$.

下面对公式进行证明：

令 $q = 1 - p$，由 $k C_n^k = n C_{n-1}^{k-1}$ 可得

$$E(X) = \sum_{k=0}^{n} k C_n^k p^k q^{n-k} = \sum_{k=1}^{n} n C_{n-1}^{k-1} p^k q^{n-k} = np \sum_{k=1}^{n} C_{n-1}^{k-1} p^{k-1} q^{n-1-(k-1)},$$

令 $k - 1 = m$，则

$$E(X) = np \sum_{m=0}^{n-1} C_{n-1}^m p^m q^{n-1-m} = np(p+q)^{n-1} = np.$$

$$D(X) = \sum_{k=0}^{n} k^2 C_n^k p^k q^{n-k} - (np)^2 = \sum_{k=1}^{n} k n C_{n-1}^{k-1} p^k q^{n-k} - (np)^2,$$

$$= np \sum_{k=1}^{n} k C_{n-1}^{k-1} p^{k-1} q^{n-1-(k-1)} - (np)^2.$$

令 $k - 1 = m$，则

$$D(X) = np \sum_{m=0}^{n-1} (m+1) C_{n-1}^m p^m q^{n-1-m} - (np)^2,$$

$$= np \left[\sum_{m=0}^{n-1} m C_{n-1}^m p^m q^{n-1-m} + \sum_{m=0}^{n-1} C_{n-1}^m p^m q^{n-1-m} \right] - (np)^2,$$

$$= np [(n-1)p + (p+q)^{n-1}] - (np)^2$$

$$= np [np - p + 1] - (np)^2 = np(1-p).$$

设计意图：随机变量的均值和方差是随机变量的重要特征数，均值反映了随机变量的取值的平均水平，方差反映了随机变量取值的波动. 这里公式推导不作要求，在教学过程中，可以引导学生对此做出合理猜想，培养学生敢于思考、勇于创新的科学精神.

(注：$D(X)=\sum_{i=0}^{n}(X_i-E(X))^2 p_i=\sum_{i=0}^{n}X_i^2 p_i-E(X)^2$，后者的计算更简洁)

环节六　总结提升

问题6：二项分布的条件和结论是什么，均值和方差各是多少？

问题7：回顾本节课的研究过程，说说研究方法和收获，还有哪些困惑？

问题8：二项分布的应用非常广泛，例如，感染某种疾病的家禽数，参加某保险人群中发生事故的人数，试制药品治愈某种疾病的人数，等等．你还能举出生活中服从二项分布的随机变量的例子吗？

设计意图：本节课分两条线进行．①明线：具体情形—发现问题—数学问题—数学表征—数学概念；②暗线：实际问题—数学问题—建立模型—模型求解—模型应用—解决问题．帮助梳理本节课的研究内容和研究思路，让学生不仅掌握知识和技能，还学会解决问题的方法．

▶ 课后作业

1. 在三次独立重复射击中，若至少有一次击中目标的概率为 $\dfrac{37}{64}$，则每次射击击中目标的概率为_____．

设计意图：评价学生对 n 重伯努利概型的掌握程度，以及运用概率思想运算求解的能力．

2. 设随机变量 $X \sim B(2, p)$，$Y \sim B(3, p)$，若 $P(X \geqslant 1) = \dfrac{5}{9}$，则（　　）．

A. $p = \dfrac{1}{3}$　　　　　　　　B. $E(X) = \dfrac{1}{3}$

C. $D(Y) = 1$　　　　　　　　D. $P(Y \geqslant 2) = \dfrac{7}{27}$

设计意图：考查学生对二项分布的分布列、均值、方差的掌握，评价学生的运算求解能力．

第5课时　超几何分布

▶ 教学内容

超几何分布；超几何分布的均值；超几何分布与二项分布的区别和联系．

教学目标

经历具体模型分析，了解超几何分布，能在具体情境中判定随机变量是否服从超几何分布；会求服从超几何分布的随机变量的均值，能够利用超几何分布模型解决简单的实际问题，提升发展数学抽象、数学运算、数学建模等核心素养．

教学重点与难点

(1) 重点：通过具体实例，了解超几何分布的概念并应用超几何分布解决实际问题．

(2) 难点：超几何分布均值的推导；超几何分布和二项分布的区别和联系．

教学过程

环节一　超几何分布的概念形成

问题 1：已知 100 件产品中有 8 件次品，分别采用有放回和不放回的方式随机抽取 4 件．设抽取的 4 件产品中次品数为 X，求随机变量 X 的分布列．

师生活动：教师提出问题，学生独立思考、尝试解答后，教师引导分析超几何分布的本质特征，引导过程可选用以下追问．

追问 1：如果采用不放回抽样，那么抽取的 4 件产品中次品数 X 是否也服从二项分布？

追问 2：不放回的方式下，具体怎样求 X 的分布列？

追问 3：计算结果数时，考虑抽取的次序（逐个不放回抽取）和不考虑抽取的次序（一次性抽取），对分布列的计算有影响吗？为什么？

追问 4：如果改变抽取件数，如改为 9 件或 93 件，X 的可能取值是否发生变化，如何一般性地描述这种变化？

设计意图：通过实例对比两种常见分布列的特征，并将其一般化，从特殊到一般引导学生分析超几何分布的本质特征，为抽象超几何分布的概念奠定认知基础．

问题 2：你能将上述问题一般化，得出超几何分布的定义吗？

师生活动：学生思考后，教师用对话方式引导集体思考，共同得出超几何分布的定义，分析指出参数的含义与限制条件，尤其是 $m=\max\{0, n-N+M\}$，$r=\min\{n, M\}$ 的理解．引导过程依学生具体情况选用以下追问．

追问1：一般地，假设一批产品共有 N 件，其中有 M 件次品．从 N 件产品中随机抽取件 n（不放回），用 X 表示抽取的 n 件产品中的次品数，你能表示 X 的分布列吗？

追问2：你能指出公式中各个字母的含义吗？

追问3：其中 m 与 r 能依已知条件表示出来吗？

设计意图：抽象概念得到定义，提升数学建模核心素养．

环节二　超几何分布的简单应用

问题3：从50名学生中随机选出5名学生代表，求甲被选中的概率．

师生活动：学生独立思考、尝试解答后，教师引导学生从超几何分布的角度认识本问题，并给出答题示范．

解：设 X 表示选出的5名学生中含甲的人数（只能取0或1），则 X 服从超几何分布，且 $N=50$，$M=1$，$n=5$.

因此甲被选中的概率为 $P(X=1)=\dfrac{C_1^1 C_{49}^4}{C_{50}^5}=\dfrac{1}{10}$.

设计意图：从新的角度认识，在具体情境中理解超几何分布的概念．

问题4：一批零件共有30个，其中有3个不合格．随机抽取10个零件进行检测，求至少有1件不合格的概率．

师生活动：学生独立思考、尝试解答后，教师引导学生判断本问题是否服从超几何分布，并给出答题示范．

解：设抽取的10个零件中不合格品数为 X，则 X 服从超几何分布，且 $N=30$，$M=3$，$n=10$.

X 的分布列为 $P(X=k)=\dfrac{C_3^k C_{27}^{10-k}}{C_{30}^{10}}$，$k=0$，1，2，3.

至少有1件不合格的概率为

$$P(X\geqslant 1)=P(X=1)+P(X=2)+P(X=3)=\dfrac{C_3^1 C_{27}^9}{C_{30}^{10}}+\dfrac{C_3^2 C_{27}^8}{C_{30}^{10}}+\dfrac{C_3^3 C_{27}^7}{C_{30}^{10}}$$

≈ 0.7192.

也可以按如下方法求解：

$P(X \geqslant 1) = 1 - P(X=0) = 1 - \dfrac{C_3^0 C_{27}^{10}}{C_{30}^{10}} \approx 0.7192.$

设计意图：超几何分布的简单应用.

环节三　超几何分布的性质探究——数字特征

问题5：服从超几何分布的随机变量的均值是什么？

追问1：令 $p = \dfrac{M}{N}$，则 p 的含义是什么？

追问2：$\dfrac{X}{n}$ 的含义是什么？

追问3：$E\left(\dfrac{X}{n}\right)$ 的含义是什么？

师生活动：在教师的指导下，学生对超几何分布的均值进行先猜后证.

设随机变量 X 服从超几何分布，则 X 可以解释为从包含 M 件次品的 N 件产品中，不放回地随机抽取 n 件产品中的次品数. 令 $p = \dfrac{M}{N}$，则 p 是 N 件产品的次品率，而 $\dfrac{X}{n}$ 是抽取的 n 件产品的次品率，我们猜想 $E\left(\dfrac{X}{n}\right) = p$，即 $E(X) = np$.

实际上，由随机变量均值的定义，令 $m = \max(0, n-N+M)$，$r = \min(n, M)$，有 $E(X) = \sum\limits_{k=m}^{r} k \dfrac{C_M^k C_{N-M}^{n-k}}{C_N^n} = M \sum\limits_{k=m}^{r} \dfrac{C_{M-1}^{k-1} C_{N-M}^{n-k}}{C_N^n}$.

因为 $\sum\limits_{k=m}^{r} C_{M-1}^{k-1} C_{N-M}^{n-k} = C_{N-1}^{n-1}$，

所以 $E(X) = \dfrac{M}{C_N^n} \sum\limits_{k=m}^{r} C_{M-1}^{k-1} C_{N-M}^{n-k} = \dfrac{M C_{N-1}^{n-1}}{C_N^n} = \dfrac{nM}{N} = np$.

设计意图：超几何分布均值的证明要用到组合恒等式，有一定的难度，我们用先猜后证进行活动探究，需要用到排列组合运算性质和构造证明的思想，让学生认识到计算有技巧，计算有方法，计算有一般性. 简言之，不是盲目地计算，有规律有一般性就有了方向.

环节四　超几何分布和二项分布的区别和联系

问题 6：一袋中有 100 个大小相同的小球，其中有 40 个黄球，60 个白球，从中随机摸出 20 个球作为样本．用 X 表示样本中黄球的个数．

（1）分别就有放回和不放回摸球，求 X 的分布列；

（2）分别就有放回和不放回摸球，用样本中黄球的比例估计总体中黄球的比例，求误差不超过 0.1 的概率．

分析：两种摸球方式下，随机变量 X 服从二项分布和超几何分布．这两种分布的均值相等，都等于 8．但从两种分布的概率分布图看，超几何分布更集中在均值附近．

师生活动：学生展示预习过程中的 Excel 图表并合理调整表中数据，在教师引导下发现二项分布和超几何分布的区别与联系．

设计意图：问题 1 的讲解不能是单纯的讲题本身，也不是为了强调超几何分布比二项分布更集中的结论，而是希望借助图表让学生认识到图上的集中反映到数上是方差更小，认识到数形结合对结论的理解有很大帮助．

环节五　课堂小结

问题 7：通过本节课的学习，请大家回顾下，有关平面向量，我们主要学习了哪些内容？

分析：超几何分布及其分布列；均值的推导；与二项分布的区别和联系；概率问题研究的一般方法．

追问 1：在我们研究概率的相关问题的时候，我们要抓住分布的什么特征？在我们的研究过程中，蕴含了哪些数学的思维方法？

分析：特殊到一般，类比，归纳猜想证明．

追问 2：在数学中研究一个新对象，它的研究内容和研究方法是什么？你能说说学完这节课的认识和感受吗？

总结：研究一个新对象，它的研究内容一般顺序是概念—表示—性质（关系）—运算—应用，要牢牢抓住概念中对象的特征，类比已有的数学对象，运用已有对象的研究经验，展开研究性学习．

师生活动：教师提出问题，学生讨论并回答问题．

设计意图：小结本节课知识要点与数学思想方法．通过以上问题，梳理本节课的核心内容和思想方法，使学生整体上完整认识两种分布，加深对超几何分布的理解，也学会研究新的分布的一般方法．类似于函数中学习指数、对数、幂函数，我们就能把研究它们的一般方法应用在研究三角函数和其他新函数上．

▶ 课后作业

1. 【多项选择题】下列实验中，随机变量 X 服从超几何分布的是（　　）．

A. 抛掷三枚骰子，所得向上的数是 6 的骰子的个数记为 X

B. 有一批种子的发芽率为 70%，任取 10 颗种子做发芽试验，把试验中发芽的种子的个数记为 X

C. 盒子中有红球 3 只，黄球 4 只，蓝球 5 只．任取 3 只球，把不是红色的球的个数记为 X

D. 某班级有男生 25 人，女生 20 人．选派 4 名学生参加学校组织的活动，班长必须参加，其中女生人数记为 X

E. 现有 100 台 MP3 播放器未经检测，抽取 10 台送检，把检验结果为不合格的 MP3 播放器的个数记为 X

设计意图：考查学生对超几何分布的概念的了解，区分超几何分布与二项分布的能力，以及将生活实例抽象为相应的概率模型的抽象概括能力．

2. 从分别标有数字 1，2，3，4，5，6，7，8，9 的 9 张卡片中任取 2 张，则两数字之和是奇数的概率是_____．

设计意图：考查学生对超几何分布的随机变量的理解，以及利用超几何分布进行运算求解的能力．

教学设计 3　8.2　一元线性回归模型及其应用

一、单元内容和内容解析

1. 内容

一元线性回归模型，一元线性回归模型参数的最小二乘估计.

2. 内容解析

一元线性回归模型是描述两个随机变量之间相关关系的最简单的回归模型. 当两个变量之间具有显著的线性相关关系时，可以建立一元线性回归模型刻画两个变量间的随机关系，并通过模型进行预测.

建立一元线性回归模型的基础是成对样本数据的相关性分析. 通过对散点图的直观观察，可以大致确定变量间是否存在线性关系，通过样本相关系数可以分析线性关系的强弱. 在此基础上建立一元线性回归模型，用最小二乘法估计线性回归模型中的参数，得到经验回归方程，并利用残差及利用残差构建的指标对模型进行评价和改进，使模型不断完善，最后根据模型进行预测，帮助决策.

在建立一元线性回归模型过程中，方程的建立、参数的估计、模型有效性分析等都是培养学生数据分析、数学建模、逻辑推理、数学抽象的重要素材，也是加强学生"四基"，提高"四能"的重要内容.

基于以上分析，确定本单元的教学重点：

（1）一元线性回归模型的含义.

（2）用最小二乘法估计回归模型参数的方法.

（3）残差分析和决定系数 R^2 的意义.

（4）一元线性回归模型的应用.

本单元安排 3 个课时教学.

第 1 课时　一元线性回归模型；

第 2 课时　一元线性回归模型参数的最小二乘估计；

第 3 课时　一元线性回归模型的应用.

二、单元目标和目标解析

1. 目标

（1）结合具体实例，了解一元线性回归模型的含义，了解模型参数的统计意义，了解最小二乘原理.

(2) 掌握一元线性回归模型参数的最小二乘估计方法，会使用相关的统计软件.

(3) 掌握残差分析的方法，理解决定系数 R^2 的意义.

(4) 针对实际问题，会用一元线性回归模型进行预测.

2. 目标解析

达成上述目标的标志是：

(1) 知道线性回归模型与函数模型的区别，知道线性回归模型中误差 e 的含义，知道假设误差 e 满足 $E(e)=0$，$D(e)=\sigma^2$ 的理由.

(2) 能依据用距离来刻画接近程度的数学方法，了解最小二乘原理，能利用最小二乘原理推导参数估计值的计算公式.

(3) 会利用统计软件画散点图、求样本相关系数、求回归方程，能用残差、残差图和决定系数 R^2 对回归模型进行评价.

(4) 通过具体案例，理解利用一元线性回归模型可以刻画随机变量之间的线性相关关系. 在建立一元线性回归模型解决实际问题的过程中提升数据分析、数学建模、逻辑推理等素养.

三、单元教学问题诊断分析

通过"成对数据的统计相关性"的学习，学生已掌握通过散点图直观判断成对样本数据之间相关关系的方法，会用样本相关系数判断成对样本数据线性相关性的强弱，也初步了解用样本估计总体的方法. 在本单元的学习中，学生可能对线性回归模型中随机误差的假设、最小二乘原理和方法等存在理解困难. 此外，学生对于回归模型中参数的意义可能理解不准确，容易误将根据样本通过最小二乘法求出的参数估计值当作模型中的参数，主要原因是对样本的随机性理解不够到位，对于同一个总体的不同样本会有不同的参数估计缺少体验.

本单元的教学难点是：

(1) 对随机误差的理解.

(2) 最小二乘原理与方法.

(3) 参数的意义及参数估计公式的推导.

(4) 残差变量的解释与分析.

(5) 模型的应用及优度的判断.

四、单元教学支持条件分析

一元线性回归模型主要研究两个随机变量的线性相关关系，通过成对样本数据建立数学模型. 在教学中，需要利用 GGB、Excel、R 软件、图形计算器等统计软件或工具处理样本数据，画出散点图和回归直线，利用统计软件或工具进行参数估计值的计算和分析. 也可利用软件或工具进行模拟，对同一个总体的不同样本作回归分析、比较，以加深对回归模型的理解.

五、单元课时教学设计

第 1 课时　一元线性回归模型

▶ 教学内容

一元线性回归模型.

▶ 教学目标

结合具体实例，通过分析变量间的关系建立一元线性回归模型，并能说明模型参数的统计意义，提高数据分析能力.

▶ 教学重点和难点

重点：一元线性回归模型的概念，随机误差的概念、表示与假设.

难点：回归模型与函数模型的区别，随机误差产生的原因与影响.

▶ 教学过程

环节一　复习回顾

问题 1：生活经验告诉我们，儿子的身高与父亲的身高相关. 一般来说，父亲的身高较高时，儿子的身高通常也较高. 为了进一步研究两者之间的关系，有人调查了 14 名男大学生的身高及其父亲的身高，得到的数据如下表所示.

编号	1	2	3	4	5	6	7	8	9	10	11	12	13	14
父亲身高/cm	174	170	173	169	182	172	180	172	168	166	182	173	164	180
儿子身高/cm	176	176	170	170	185	176	178	174	170	168	178	172	165	182

那么，由这组样本数据能否推断儿子的身高与父亲的身高有关系？关系的相关程度如何？是函数关系还是线性相关关系？为什么？

师生活动：要求学生整理和表示数据，通过分小组合作完成．以横轴表示父亲的身高，纵轴表示儿子的身高，建立平面直角坐标系，再将表中的成对样本数据表示为散点图．然后根据散点图作解读，回答问题．

教师可以引导学生使用技术工具开展学习活动，例如选用 GGB 软件作为教学支持工具画出如下这组成对样本数据的散点图．

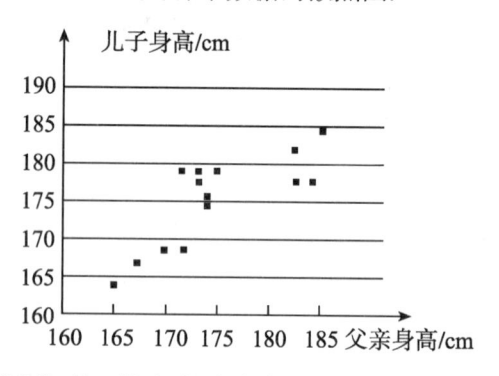

根据散点图可以发现，散点大致分布在一条从左下角到右上角的直线附近，表明儿子的身高和父亲的身高不是函数关系而是线性相关关系．

设计意图：通过一个具体问题，既可以对前面所学内容作系统的回顾，同时又可以作为探究一元线性回归模型的例子，使教学过程自然、连贯．

环节二 问题探究

通过问题1，我们已经了解到根据成对样本数据的散点图和样本相关系数，可以推断两个变量是否存在线性相关关系，是正相关还是负相关，以及线性相关程度的强弱．如果能像建立函数模型刻画两个变量的确定关系那样，通过建立适当的统计模型刻画两个随机变量的相关关系，那么我们就可以利用这个模型研究两个变量之间的相关关系.

问题 2：根据表 1 的数据，问题 1 中的儿子身高与父亲身高这两个变量之间的关系能用函数模型刻画吗？

师生活动：引导学生观察表格中的数据，启发学生根据函数中的概念进行分析、作出判断. 列表法是函数的一种表示方法，但并不是所有列表表示的数据都是函数关系，要成为函数关系必须满足函数的定义. 即应满足"集合 A 中的任意一个数，在集合 B 中都存在唯一的数与它对应". 表 1 中的数据，存在父亲身高相同而儿子身高不同的情况. 例如第 6 个和第 8 个观测父亲的身高均为 172 cm，而对应的儿子的身高分别为 176 cm 和 174 cm；同样在第 3，4 个观测中，儿子的身高都是 170 cm，而父亲的身高分别为 173 cm，169 cm. 可见儿子的身高不是父亲身高的函数，同样父亲的身高也不是儿子身高的函数，所以不能用函数模型来刻画.

设计意图：通过具体实例，说明有些现实问题中呈线性相关关系的两个变量可能不存在函数关系.

问题 3：从成对样本数据的散点图和样本相关系数可以发现，散点大致分布在一条直线附近，表明儿子身高和父亲身高有较强的线性关系. 我们可以这样理解，由于有其他因素的存在，使得儿子身高和父亲身高有关系但不是函数关系. 那么请你说说影响儿子身高的其他因素是什么？

师生活动：通过组织学生讨论问题，形成以下主要结论：影响儿子身高的因素除父亲的身高外，还有母亲的身高、生活的环境、饮食习惯、营养水平、体育锻炼等随机的因素，儿子身高不是父亲身高的函数的原因是存在这些随机的因素.

设计意图：在建立回归模型时，解释变量 x 不是随机变量，而随机误差 e 是随机变量，所以被解释变量（响应变量）Y 也是随机变量. 通过这个问题，使学生初步了解后面要建立的回归模型中变量的含义.

环节三 建立模型

问题 4：由问题 3 我们知道，正是因为存在这些随机的因素，使得儿子的身高呈现出随机性. 各种随机因素都是独立的，有些因素又无法量化. 你能否考虑到这些随机因素的作用,用类似于函数的表达式,表示儿子身高与父亲身高的关系呢?

师生活动:教师指出,如果用 x 表示父亲身高,Y 表示儿子的身高,用 e 表示各种其他随机因素影响之和,称 e 为随机误差. 由于儿子身高与父亲身高线性相关,由此引导学生分析变量 x,Y 之间的关系,自主写出关系式 $Y=bx+a+e$.

由于随机误差表示大量已知和未知的各种影响之和,它们会相互抵消. 为使问题简洁,可以假设随机误差 e 的均值为 0,方差为与父亲身高无关的定值 σ^2.

追问:为什么要假设 $E(e)=0$,而不假设其为某个不为 0 的常数.

师生活动:教师引导学生分析问题并适时指出,因为误差是随机的,即取各种正负误差的可能性一样,所以它们均值的理想状态应该为 0. 如果随机误差的均值为一个不为 0 的常数 α,则可以将其合并到截距项 a 中,否则模型无法确定,即参数没有唯一解. 另外,如果 α 不为 0,则表示存在系统误差,在实际建模中也不希望模型有系统误差,即模型不存在非随机误差.

设计意图:通过对随机误差的分析,建立用随机变量表示的数学模型,将一些次要的随机因素用一个随机变量 e 表示,并基于简洁性原则对随机变量 e 作合理的假设. 由此,理解研究随机问题的重要思想,即将一个随机变量表示成一个主要的确定性的量与一个次要的随机量之和,只要控制次要的随机量在一定的范围之内,那么随机问题就可以通过研究确定性问题得到理想的结果.

问题 5:请根据以上的分析,你能建立一个数学模型表示儿子身高与父亲身高的关系吗?

师生活动:教师引入数学符号表示相关量,用 x 表示父亲的身高,Y 表示儿子的身高,因儿子身高是随机变量,用大写字母表示,用 e 表示各种其他随机因素影响之和. 进而引导学生根据以上分析,可以建立如下的数学模型:
$$\begin{cases} Y=bx+a+e, \\ E(e)=0, D(e)=\sigma^2. \end{cases} \quad ①$$

我们称①式为 Y 关于 x 的一元线性回归模型. 其中 Y 称为因变量或响应变量, x 称为自变量或解释变量; a 和 b 为模型的未知参数, a 称为截距参数, b 称为斜率参数; e 是 Y 与 $bx+a$ 之间的随机误差. 模型中的 Y 是随机变量, 其值虽然不能由变量 x 的值确定, 但却能表示为 $bx+a$ 与 e 的和 (叠加), 前一部分由 x 唯一确定, 后一部分是随机的. 如果 $e=0$, 那么 Y 与 x 之间的关系就可以用一元线性函数模型来描述.

设计意图: 问题 5 是本节课的重点和难点, 由于随机误差的引入, 在函数模型的基础上建立含有随机变量的回归模型, 这是定量描述随机现象的重要方法. 通过问题 5, 完成一元线性回归模型的建立, 理解回归模型与函数模型的区别.

追问: 你能结合父亲和儿子身高的实例, 说明回归模型①的意义吗?

师生活动: 可以解释为父亲身高为 x_i 的所有男大学生身高组成一个子总体, 该子总体的均值为 bx_i+a, 即该子总体的均值与父亲的身高是线性函数关系.

而对于父亲身高为 x_i 的某一名男大学生, 他的身高 x_i 并不一定为 bx_i+a, 它仅是该子总体的一个观测值, 这个观测值与均值有一个误差项 $e_i=y_i-(bx_i+a)$.

设计意图: 通过具体实例, 加深学生对一元线性回归模型的理解.

问题 6: 你能结合具体实例解释产生模型①中随机误差项的原因吗?

师生活动: 组织学生展开讨论, 形成共识. 在研究儿子身高与父亲身高的关系时, 产生随机误差 e 的原因有:

(1) 除父亲身高外, 其他可能影响儿子身高的因素, 比如母亲身高、生活环境、饮食习惯和锻炼时间等.

(2) 在测量儿子身高时, 由于测量工具、测量精度所产生的测量误差.

(3) 实际问题中, 我们不知道儿子身高和父亲身高的相关关系是什么, 可以利用一元线性回归模型来近似这种关系, 这种近似关系也是产生随机误差 e 的原因.

设计意图: 通过具体实例, 加深学生对随机误差的理解.

环节四　归纳小结

教师引导学生回顾本节课所学内容，并让学生回答下面的问题：

问题 7：回顾建立一元线性回归模型的过程，你能说出建立回归模型的依据，并谈一谈对回归模型的认识吗？

师生活动：要求学生思考后回答并相互补充，教师进行总结.

设计意图：帮助学生进一步厘清一元线性回归模型的含义，掌握用数学语言表达随机事件，了解总体参数与样本数据之间的关系.

▶ 课后作业

1. 儿童的身高随年龄的增加而增加，我国0—12岁儿童的平均身高如下表所示.

年龄 t/岁	1	2	3	4	5	6	7	8	9	10	11	12
平均身高 Y/cm	76.5	86.5	96.8	104.1	111.3	117.7	124	130.0	135.4	140.2	145.3	151.9

（1）儿童的平均身高 Y 与年龄 t 之间是函数关系还是相关关系？

（2）如果是相关关系，如何判断是线性相关还是非线性相关？相关的密切程度如何？

（3）如果设 $Y = f(t) + e$，其中 $f(t)$ 是由年龄唯一确定的部分，e 是随机误差，请简要解释产生随机误差的原因.

设计意图：考查学生对函数关系与相关关系的区别和回归模型随机误差意义的理解.

2. 人教版《普通高中教科书 数学 选择性必修 第三册》第 107 页练习第 1，2，3 题.